KB185804

SM

THE CULTURE, THE FUTURE
SINCE 1995

30

케이신드롬 K-Syndrome을 통해 아주 다양한 콘텐츠와 아티스트가 전 세계적으로 사랑받고 있습니다. 서울은 케이팝 K-Pop을 비롯한 케이컬처 K-Culture의 성지가 되어 들끓는 에너지를 발산하고 있고, 덕분에 한국인의 창의적 역량 역시 여러 분야에 걸쳐 가치를 인정받으며 주목받는 중입니다. 이렇게 '메이드 인 코리아'의 위상이 달라진 건 불과 몇 년이 채 되지 않았습니다. 케이팝이 특정 팬덤을 위한 음악이 아닌, 대중 팝 음악으로 유튜브와 각종 음원 차트에서 소비된 것이 그 시작이었죠.

SM엔터테인먼트는 그 시작의 토대를 1995년부터 갈고닦아온 기업입니다. 아이돌 그룹과 그룹에 속한 개별 아티스트, 그에 걸맞은 프로듀싱과 매니지먼트, 음악 외 상품 확장과 팬덤 관리까지. 지금 케이팝을 정의하는 여러 요소는 SM을 거치며 하나의 스탠더드로 자리 잡았습니다. 스탠더드로 자리 잡았다는 것은 '표준화'되었다는 의미입니다. 개별 성과가 아닌, 성공에 이르는 포뮬러를 만들어 케이팝 시장의 양적·질적 규모를 키우는 데 기여했다는 것이죠.

<THE CULTURE, THE FUTURE>는 SM이 케이팝에 기여한 원천 자원인 음악과 사람, 시스템을 중심으로 지난 30년의 의미를 되짚어보는 책입니다. 무대 위 혹은 미디어의 프레임 속에서 조명받던 이야기 뒤의 이야기를 꺼내며, 기업이자 브랜드로서 SM이 어떻게 자신들의 언어를 다듬어왔는지 살피는 작업이라고도 할 수 있죠. 핑크 블러드 Pink Blood로 명명된 팬덤의 움직임과 SM 내 여러 부서의 전략, 아티스트와 작곡가의 크리에이티브는 따로 떼어 설명할 수 없습니다. SM의 언어는 케이팝이라는 상품을 입체적으로 조망하며, 장기적 관점의 아이디어를 하나의 아이덴티티로 정교하게 꿰어왔기에 만들어질 수 있었다고 생각합니다.

매거진 <B>와 SM엔터테인먼트가 함께 만든 <THE CULTURE, THE FUTURE>를 통해 SM이 일궈온 케이팝 문화, 그리고 그 너머를 내다보는 SM의 비전을 살필 수 있기를 바라며, 앞으로의 또 다른 여정을 시작할 SM의 발걸음에 기대와 응원을 보냅니다.

contents

THE CULTURE

contents

THE FUTURE

THE

CULTURE

SM엔터테인먼트가 걸어온 30년 여정은 음악 산업을 넘어 우리의 일상 깊숙한 곳에 새겨졌다. 학창 시절 수련회 현장에도, 하나쯤은 구비하던 컬러 스키니 진에도, 나도 모르게 '수능 금지곡'을 흥얼거리게 되는 입가에도 SM의 아티스트는 늘 함께했다. 다채로운 아티스트를 통해 독창적 음악 스타일을 구축하며 SM은 퍼스트 무버로서 케이팝의 성장을 이끌어왔다. 그리고 그 곁엔 핑크 블러드가 있다. 유일무이의 기업 팬덤 핑크 블러드는 SM의 강력한 정체성과 완성도 높은 퀄리티의 결과물에 무한한 응원과 신뢰를 보낸다. SM의 30년은 곧 문화 산업 저변 확장의 통로이자 핑크 블러드의 소중한 꿈이다.

pink blood

10명의 핑크 블러드가 가장 뜨겁게 SM엔터테인먼트의 아티스트를 사랑하고 지지하던 시절을 반추하며 오래된 서랍 속 굿즈를 꺼냈다.
H.O.T.부터 레드벨벳까지 SM의 30년 역사를 함께 만들어온 아티스트와 팬덤의 유대감은 세월이 흘러도 바래지 않은 채
그곳에 고스란히 녹아 있다. 에디터 한동은 포토그래퍼 박종범

학창 시절 공부밖에 모르던 김태영에게 H.O.T.의 등장은 신선한 충격이었다. "초등학생 때 할머니께서 즐겨 보던 <토요일 토요일은 즐거워>에서 H.O.T.의 '전사의 후예' 무대를 처음 봤어요. 어린아이 눈에 H.O.T.의 어두운 의상과 메이크업이 무서워 보이면서도 신기했죠. 새로운 세상이 열린 기분이었어요." 중학생이 된 소녀는 PC 통신 나우누리, 천리안의 H.O.T. 팬 커뮤니티에서 본격적으로 덕질을 시작했다. 가장 좋아하는 앨범은 정규 5집 <Outside Castle>. 웅장한 오케스트라로 시작하는 도입부에서 받은 충격이 아직도 생생하다. 수록곡인 'Time Will Tell'은 H.O.T.의 모든 노래를 통틀어 가장 많이 들은 곡. "팬 커뮤니티에서 만난 언니들과 추운 겨울, 방송국 앞에서 새벽부터 기다렸다가 연말 시상식에 들어갔던 추억을 떠올리면 피식 웃음이 나고, 중국·일본 팬들과 소통하기 위해 언어 공부에 열 올리던 모습을 생각하면 뿌듯해요. 이후로도 소녀시대, 샤이니, 엑소 그리고 지금 NCT DREAM까지 줄곧 SM의 아티스트를 덕질 중이에요. H.O.T.를 비롯한 SM 아티스트 덕분에 풍요로운 인생을 즐기는 어른으로 자랐습니다." - 김태영

H.O.T. with CLUB H.O.T.

S.E.S. with FRIEND

가구 디자이너로 활동 중인 채수원은 S.E.S.를 좋아하는 감정을 통해 순수하면서도 원초적 영감을 얻는다. "자연 속에 살던 꼬마가 신비로운 S.E.S.의 모습과 목소리에 이끌려 새로운 눈을 뜬 거죠. 돌이켜보면 저는 행복할 때나 힘들 때나 S.E.S. 노래를 찾아 들으며 성장했어요." S.E.S.의 첫 번째 공식 사진집 «DREAMS COME TRUE»는 그가 가장 아끼는 굿즈다. 서점 유리창 너머에 진열되어 있던 사진집을 아버지의 자전거 뒷자리에 앉아 스쳐 지나가듯 발견하고는 아버지를 졸라 손에 넣었던 기억까지 생생하다. "사진집 맨 뒤에 모여 있는 작은 사진들을 하나씩 오려 마음에 드는 친구한테 선물한 기억이 있어요. 저의 순수하던 모습이 떠올라서 더 의미가 깊습니다. 제일 좋아하는 곡은 일본 데뷔 싱글 <めぐりあう世界(우연히 만난 세계)>예요. 가장 뜨겁게 S.E.S.를 지지한 기간은 1997년부터 5년 정도이지만, 제 팬심은 한결같아요. 자신의 청춘을 함께할 수 있는 아티스트는 사실 한정적이잖아요. 그 시기를 S.E.S.와 보냈다는 것에 감사하고, 운명적이라는 생각도 듭니다." - 채수원

BoA with Jumping BoA

오채은은 케이팝에 관한 읽을거리와 주관적 이야기를 전하는 케이팝 뉴스레터 <편협한 이달의 케이팝>을 발행하고 있다. 삶을 가득 채운 수많은 케이팝 아티스트 중 그의 마음 중심에 있는 단 하나의 아티스트는 보아다. "진취적 가사, 울프 커트에 제복을 입고 노래하는 모습, 남성 댄서 위에 올라타는 안무, 악과 깡으로 지르는 후반부 고음 파트까지 당시 초등학생이던 제게 'Girls On Top'은 정말 신세계였어요. 시대의 전형적 여성성을 탈피하고 당당히 노래하는 보아의 모습에 반해버렸죠." <Girls On Top>은 그가 지금도 가장 애정하는 앨범이고, 게임 CD <BoA In The World>는 제일 아끼는 굿즈다. 보아가 월드 스타로 우뚝 서는 엔딩을 보기 위해 며칠 밤을 새우던 추억이 있어 가보로 남길 생각까지 할 정도다. 오채은에게 보아는 든든하게 기댈 수 있는 곳이기도 하다. "저는 자아가 형성된 후부터 아이돌을 좋아했고 여전히 케이팝을 듣고 있지만, 이렇게 긴 시간을 함께할 수 있는 가수는 보아밖에 없다고 생각해요. 이건 가수와 팬이 둘 다 각자의 자리에서 잘 살아야 누릴 수 있는 시간이라는 걸 깨달았어요. 이제는 보아가 그저 건강하고 행복하게 본인의 삶을 꾸려가길 바라요. 어떤 모습이든 항상 응원할 테니까요." – 오채은 자신을 '순혈 핑크 블러드'라고 소개하는 이희주의 첫사랑은 동방신기다. "지금은 사라진 음악 전문 채널 KMTV의 대표 음악 방송인 <쇼 뮤직탱크>의 비하인드 비디오를 <I LOVE 쇼탱>이라는 제목으로 방영했는데요, 이 방송에 2집 <The Way U Are>로 활동하던 동방신기가 망사로 된 무대의상을 입고 자주 등장했어요. 그 방송을 보며 자연스럽게 '입덕'했죠." 특히 부도칸 공연장에서 열린 두 번째 일본 전국 투어를 떠올릴 때면 여전히 벅찬 감정이 느껴진다고 말한다. "지금은 많은 아티스트가 부도칸에서 공연을 하지만, 당시에는 한국 가수가 부도칸을 채우는 일이 드물었거든요. 일본 진출 초기 동방신기가 흘린 땀과 눈물을 떠올리며 공연을 볼 때 대단한 감동을 느끼죠." 2막의 시작을 알린 <왜 (Keep Your Head Down)>는 카시오페아로서의 여정이 끝나지 않을 것임을 확신하게 된 앨범. 동방신기로부터 믿음과 위안을 받을 수 있었던 활동이라 여전히 깊은 추억으로 새겨져 있다. 학창 시절 전부를 동방신기로 채우며 성장한 이희주는 아이돌 팬 활동 경험을 바탕으로 쓴 소설 «환상통»으로 문학동네 대학소설상을 수상하며 작가로 등단했다. 그에게 동방신기는 첫사랑을 넘어 인생의 방향성을 정해준 꿈이다. – 이희주

TVXQ! with CASSIOPEIA

SUPER JUNIOR with E.L.F.

한상은에게 슈퍼주니어는 웃음과 즐거움이다. "토크쇼 <놀러와>에 나온 슈퍼주니어를 보다가 이전에 멤버들이 나왔던 예능을 다 찾아봤어요. 자연스럽게 제 일상 속 웃음은 슈퍼주니어가 책임지게 되었죠. 예능을 워낙 좋아하는 편이라 슈퍼주니어가 출연하는 예능 방청 응모를 자주 했는데요, <SNL 코리아 시즌 9> '슈퍼주니어 편'을 보러 갔을 때가 가장 기억에 남아요. 광대가 아플 정도로 엄청 웃었거든요." 예능은 물론 솔로 콘서트, 뮤지컬 등을 다니며 다방면에서 활약하는 멤버 한 명 한 명을 좋아하던 그는 2017년 관람한 단체 콘서트 'SUPER SHOW 7'에서 멤버들이 모두 모였을 때 하나의 그룹으로서 발산하는 슈퍼주니어의 시너지에 매료되었다. "2017년쯤 발매된 8집 <Black Suit>를 가장 아껴요. 군대에 다녀온 멤버들이 오랜만에 합체해 발매한 앨범이거든요. 멤버들의 노련미가 모여 정점의 시너지를 낸 활동 기간이었다고 생각해요." 슈퍼주니어는 한상은에게 좋은 친구들을 선물해준 존재이기도 하다. 온라인에서 처음 알게 된 팬클럽 엘프 E.L.F. 친구들과 8년 넘는 기간 동안 끈끈한 우정을 유지하고 있다고. "큰 웃음과 영원한 친구를 선사한 슈퍼주니어는 제 삶의 원동력이에요." - 한상은

김무근은 2007년 데뷔부터 지금까지 한순간도 소녀시대를 사랑하지 않은 적이 없다. "학창 시절 음악 채널 엠넷 Mnet의 프로그램을 즐겨 봤는데요, 우연히 소녀시대의 데뷔 예능 <소녀, 학교에 가다> 1화를 보고 소녀시대에 푹 빠졌어요. 하나를 꾸준히 하는 게 어려운 시대잖아요. 소녀시대 덕질을 통해 제가 사랑하는 것에 최선을 다하고 꾸준할 수 있는 힘을 얻었어요." 중학생 시절, 문방구 쇼핑과 분식집 군것질을 줄여가며 용돈을 모아 구매한 소녀시대 화보집 《소녀 少女-in Tokyo》와 《All About 소녀시대》는 그 시절의 간절하고 소중한 마음이 여전히 생생하게 남아 있어 가장 아끼는 굿즈다. 사랑하는 마음의 크기만큼 소녀시대를 보러 다닌 시간들은 매번 꿈만 같았다. "늘 행복했지만, 2022년 9월 3일 5년 만의 정규 7집 컴백과 함께 개최한 팬 미팅 'Long Lasting Love'를 보러 올림픽체조경기장에 간 날을 잊을 수가 없어요. 다시 보기 힘들 수도 있겠다고 생각한 완전체의 공연을 보며 너무나 감격스러웠고, 영원히 소녀시대와 함께할 수 있을 것이라는 생각을 굳히게 되었죠. 학창 시절부터 직업인이 된 지금까지 제게 소녀시대는 힘듦과 슬픔을 지워주고 영원한 행복을 주는 존재입니다." – 김무근

GIRLS' GENERATION with S♡NE

SHINee with SHINee WORLD

데뷔곡 '누난 너무 예뻐 (Replay)'를 처음 들은 순간, 서해인은 자연스럽게 샤이니가 외치는 '누나'에 몰입했다. "공교롭게도 멤버 중 최연장자인 온유보다 제가 딱 한 살 많아요.(웃음) 순식간에 5명의 사랑하는 동생이 생긴 거죠." 그는 샤이니를 선망의 대상보다는 존경하는 마음으로 응원하는 일종의 동료로 여긴다. "10년이 훌쩍 넘는 기간 동안 샤이니도 저도 많은 성장을 이뤘어요. 아이돌의 무게를 감당하며 자기 역할을 멋있게 완수하는 멤버들이 존경스러워요. 키가 입대 직전 강행군으로 선보인 단독 콘서트 '<THE AGIT> KEY LAND'를 보면서 '팬에게 보여주고 싶은 게 무엇인지 정확히 아는 사람은 이렇게 무대를 만들 수 있구나' 하고 감탄했죠." 서해인에게 가장 의미 깊은 앨범은 정규 3집 합본 <The Misconceptions of Us>다. "키가 직접 앨범 커버를 장식한 인물화를 그린 것도 흥미로웠고, 수록곡 '너와 나의 거리 (Selene 6.23)'를 작사한 종현의 작업 과정 스케치가 기사화된 것도 기억에 남아요. 이 앨범을 소장하며 샤이니라는 팀이 시간이 흐른 뒤 되돌아봐도 낡거나 바래지 않을 것들을 만들어낼 거라는 믿음을 갖게 됐어요." - 서해인

PINK BLOOD

독창적이고 개성 있는 음악을 선호하는 안다연의 취향은 에프엑스의 노래를 들으며 발전했다. "f(x)가 데뷔했을 때 저는 열 살이었는데요, 열 살 아이의 귀에도 f(x)의 노래가 독특하고 새롭게 느껴졌어요. 여전히 케이팝을 사랑하는 팬으로서 저만의 입덕 기준은 아티스트의 유니크한 특색과 개성이 되었어요. 제 첫 아이돌이 f(x)였기 때문인 것 같아요." f(x)와 함께한 시간은 그의 학창 시절 장면 곳곳에 녹아 있다. SM타운 코엑스 아티움 카페에서 구입한 f(x) 텀블러는 여러 개 구입해 학교에 자랑하듯 가지고 다녔다. 보라색 색종이로 고이 접은 종이비행기는 늘 책상 위에 두고 볼 때마다 행복하던 추억을 떠올린다. "f(x)의 단독 콘서트 'DIMENSION 4-Docking Station'은 공연장에서 풍긴 포도 향기까지 생생하게 기억하고 있어요. 콘서트에서 팬들이 수록곡 'Airplane'에 맞춰 보라색 종이비행기를 무대로 날리는 역이벤트를 준비했는데요, 그걸 보며 좋아하던 멤버들의 얼굴이 지금도 선명해요." 가장 좋아하는 앨범은 단연 정규 2집 <Pink Tape>. 앨범 티징 기간에 나온 감각적 아트 필름은 여전히 영감이 필요할 때마다 꺼내 보고 있다. – 안다연

f(x) with me(you)

엑소는 박하늘 내면의 에너지를 끌어올려준 존재다. "선착순 입장인 공개방송에 들어가기 위해 전날부터 밤새운 일이 부지기수였죠. 입장 직전까지도 정말 피곤했지만, 무대가 시작되는 순간 모든 피로감이 가시는 신비한 경험을 했어요. 제게 이런 힘과 체력이 있다는 걸 그때 알았어요." 박하늘은 엑소의 데뷔부터 지금까지 거의 모든 앨범과 콘서트 DVD를 소장하고 있다. 그중 의미 깊은 것은 자신이 가장 뜨겁게 엑소를 지지하고 응원하던 시절인 2017년 활동기의 앨범이다. "2017년은 여름엔 <Ko Ko Bop>, 겨울엔 <Universe>를 발매한 해예요. 이때 들은 시즌 송들이 강렬히 기억에 남아 있어요. 원래 좋아하던 여름은 'Ko Ko Bop'으로 더 즐거워졌고, 당시 겨울의 새벽 버스에서 들은 <Universe>의 수록곡들은 늘 그 시절 겨울의 향수를 불러일으켜요." 그는 엑소를 통해 에너지뿐만 아니라 세상을 보는 시야도 넓힐 수 있었다고 말한다. "새로운 장소에 가보는 것은 물론이고, 팬들과 모여 팬 이벤트를 기획하고 진행하는 일도 해봤죠. 엑소는 제 삶에 다양한 경험과 인연을 선물해줬어요." – 박하늘

EXO with EXO-L

Red Velvet with ReVeluv

이수지는 레드벨벳을 통해 건강한 자극을 얻는다. "직업인으로서 레드벨벳 멤버들의 멋진 태도와 노력, 최고의 퀄리티로 보여주는 결과물이 저에게 끊임없는 동기부여를 해요. 회사에 가기 싫을 때마다 아이린의 명언 '그래도 가야지 어떡해?'를 되새기며 마음을 다잡습니다.(웃음)" 레드벨벳 네 번째 단독 콘서트 'R to V'는 'Psycho' 무대를 완전체로 볼 수 있었던 콘서트라 특히 잊지 못한다. 그날의 감동은 종이 슬로건에 담아 고이 간직하고 있다. 가장 최근에 간 팬 콘서트 'HAPPINESS: My Dear, ReVe1uv'에서는 눈물이 끊이지 않았다. 데뷔곡 '행복 (Happiness)'으로 오프닝을 연 후 다음 활동곡 'Ice Cream Cake'로 이어졌는데, 무대를 보는 순간 지난 10년의 덕질 인생이 파노라마처럼 지나가는 것 같았다고. "멤버들의 나이대가 저랑 비슷한데요, 그래서 그런지 제게 레드벨벳은 함께 자란 친구같이 느껴져요. 저한테 이토록 확신을 주는 아티스트는 없었어요. 마음껏 사랑하고 아끼면 늘 더 큰 사랑으로 보답받는 느낌이거든요. 소중한 친구처럼 서로 지지하며 앞으로의 길을 걸어나갔으면 좋겠어요." – 이수지

insight view:

the world of pink blood

SM엔터테인먼트는 유독 대를 이어 사랑받고 있는 소속사다. H.O.T.를 좋아하던 소녀가 결혼해 아이를 낳고, 그 아이가 자라 샤이니와 NCT를 응원하는 사례를 쉽게 접할 수 있다. 수많은 케이팝 아이돌이 뜨고 지는 치열한 시대에 SM은 소속 가수가 아닌 회사의 팬덤 '핑크 블러드'를 브랜딩했다. 한 대중음악 평론가가 하나의 현상과도 같은 핑크 블러드에 대해 심도있게 분석했다.

핑크 블러드라는 세계

김윤하 대중음악 평론가

어서 오세요, 핑크 블러드 마을에

SM엔터테인먼트는 여러모로 참 신경 쓰이는 회사다. 1996년 케이팝 원년에 주춧돌을 놓은 '조상님'을 데 뷔시켰다는 상징적 의미 외에, 오직 SM에만 통하는 고유명사를 많이도 가지고 있다. 강렬하고 심오한 동시에 네오한 SMP는 'SM Music Performance'의 줄임말로, 케이팝 신에서 기획사 이름이 들어간 거의 유일한 음악 장르이자 스타일명이다. 소속 가수 팬덤명이 아닌 회사를 애정하는 사람들을 모아 부르는 별칭이 있는 점도 이례적이다. 핑크 블러드, 즉 혈관 속에 붉은 피 대신 분홍 피가 흐른다는 이들은 SM의 음악과 함께 오랜 시간 희로애락을 나누며 걸어온 동반자와 다름없다.

핑크 블러드의 피가 분홍색이 된 이유는 간단하다. SM이 창사 이래 꾸준히 사용하고 있는 로고색이 핑크이기 때문이다. 열정과 한탄이 동시에 휘몰아치는 한숨처럼 자신이 핑크 블러드임을 고백하던 SM 팬덤 이름은 시간이 흘러 대표가 직접 회사의 비전과 전략을 발표하는 행사에 구체적 프로젝트명으로 승화되어 등장하기도 했다. 지난 2021년 SM 공식 유튜브 채널을 통해 공개한 'SM CONGRESS 2021' 영상에서 핑크 블러드는 SMCU(SM Culture Universe)와 함께 공식적으로 언급되었다. SM 콘텐츠를 자신만의 방식으로 재생산하는 일종의 프로슈머들과 적극적 협업을 통해 색다른 방향의 사업 확장을 도모하고자 하는 프로젝트명이었다.

이 외에도 핑크 블러드는 SM의 원천 기술이라 할 수 있는 아티스트와 곳곳에서 얽히고설키며 SM 역사 안에서 입지를 공고히 해나갔다. 이제는 SM 비등기 이사직에 오른 가수 보아의 공식 팬클럽 '점핑 보아' 1기 출신인 샤이니 키와 보아 때문에 SM을 택했다는 소녀시대 티파니가 대표적이다. 밴드 보컬을 꿈꾸다 샤이니의 'Dream Girl' 무대를 보고 장래 희망이 바뀌었다는 NCT 도영, 슈퍼주니어 팬인 할머니를 통해 케이팝에 관심을 갖게 된 NCT 텐도 대표적 핑크 블러드 출신 SM 아티스트다. NCT WISH의 2007년 생 멤버 료는 온 가족이 함께 SM의 팬이었던 것으로 유명하다. SM 가수를 좋아하는 어머니와 누나를 따라 '모태 핑크 블러드'로 자라 성덕이 되었다. 료는 한 인터뷰에서 SM과 다른 레이블의 차별점을 묻는 말에 "전 SM밖에 몰라요"라고 대답했다. 핑크 블러드의 가슴에 문신처럼 새겨진 바로 그 문장이다.

SM밖에 모르는 사람들

그렇다면 이쯤에서 궁금하지 않을 수 없다. 30년에 접어든 기나긴 케이팝 역사 동안 수없이 많은 기획사가 뜨고 졌다. 그 가운데 왜 SM만이 이토록 충성도 높은 핑크 블러드를 모을 수 있었나? 3개의 키워드를 제시해본다. 최초, 일관성 그리고 완성도. 이 세 가지 요소는 핑크 블러드를 오로지 핑크 블러드이게끔 하는 기초로서 SM 유니버스를 채우는 우주의 3원소 같은 존재다.

우선 첫 키워드 '최초'부터 살펴보자. 3원소 가운데 가장 이해하기 쉽다. 1990년대 초반 'SM 기획'으로 출발한 SM은 1995년 'SM엔터테인먼트'로 사명을 변경한 뒤 1996년 9월 7일, 5인조 남성 그룹 H.O.T.를 세상에 내놓았다. H.O.T.는 SM이 창사 30주년을 맞이하는 2025년까지도 유효한 케이팝의 거의 모든 프로토타입을 제시한 최초의 그룹이다. 동일한 성별의 다수 멤버, 분명한 캐릭터와 포지션을 가진 기획사 주도형 구성, 음악만큼이나 중요한 퍼포먼스. 이후 수십 수백의 케이팝 그룹이 피고 졌지만, 이 기본 틀에서 벗어나 성공한 그룹은 손에 꼽을 정도다. 누구도 의심할 수 없는 케이팝의 기본 뼈대가 SM에서 탄생한 것이다. SM의 성공 요인이자 기업 특징으로 체계적 연습생 시스템이나 음악에서 비주얼까지 촘촘하게 나뉜 분업을 언급하는 이도 적지 않지만, 사실 이런 시스템은 핑크 블러드에게는 그리 중요하지 않다. 시스템은 그저 문제없고 평등하게, 빛나는 '내 가수'의 앞길을 방해하지만 않으면 뭐든 좋은 것이다. 대신 팬들을 결집하게 하는 건 콘텐츠의 일관성이다. 시간이 지나면 '태초에 SM이 있었다'는 뿌듯함만으로는 무언가 조금 아쉬워진다. 큼지막하게 디딘 첫 발자국의 다음을 기존 팬들이 끝내 받아들일 수 있는 수위 내로 조절하며 새로움도 담보할 것. SM이 지난 30년간 내놓은 콘텐츠는 그 쉽지 않은 길 위에서 끝없이 성공과 실패를 반복하며 어떻게든 앞으로 나아갔다.

비주얼에서 음악까지 아우르는 거대한 힘의 한가운데에 SMP가 있다. SM만의 고유한 음악과 퍼포먼스는 웬만큼 다양한 음악을 들어본 사람도 당황하기 일쑤인데, 바로 그 지점이 핑크 블러드의 '덕심'을 저격한다. 좌 유영진, 우 켄지를 큰 축으로 메탈부터 붐뱁 boom bap, 딥 하우스 deep house, 테크노까지 지구 위에 존재하는 가장 강력한 소리만을 모은 사운드, 익숙해질 만하면 '이건 몰랐지?' 하며 획획 표정을 바꾸는 곡 구성, 여기에 도무지 종잡을 수 없는 노랫말이 화룡점정을 찍는다. '절대 지배함'(H.O.T., '전사의 후예')에서 '혈관을 타고 흐르는 수억 개의 나의 크리스탈'(동방신기, '주문-MIROTIC')을 거쳐 '잔인한 퀸이며 신이자 종결'(에스파, 'Supernova')에 이르는 SMP의 주력 메시지는 모르는 이에게는 "그게 뭔데? 오타쿠야?" 하겠지만, 아는 이에게는 '이 맛은 이 집밖에 못 낸다'는 만족감을 주기에 충분하다.

이쯤에서 이 모두를 아우르는 마법의 단어 '완성도'가 등장한다. 앞서 언급한 SM을 대표하는 모든 요소가 '라떼'식 영광이나 허술한 만듦새로 이어졌다면 지금처럼 핑크 블러드의 결집력을 만들어내기 어려웠을 거라 확신한다. SM은 케이팝에서 가장 오래된 회사인 동시에 음악 자체에 지대한 관심을 갖고 있는 기업이다. H.O.T.의 갱스터 랩이나 S.E.S.의 뉴질스윙 같은 음악을 기반으로 가지를 펼친 SM의 음악적 야심은 시대 흐름과 발맞춰 꾸준히 진화해왔다. 2010년대 중반 샤이니와 함께 케이팝 딥 하우스 유행을 불러일으키고, 규현과 웬디의 발라드처럼 긱 Gig 아티스트에 최적화된 장르 음악으로 영역을 뻗어나가며 케이팝 솔로 활동의 새로운 장을 열기도 했다. 이 같은 행보는 전자음악을 전문으로 다루는 스크림 레코즈 ScreaM Records나 클래식과 재즈를 중심에 둔 SM 클래식스 SM Classics 등 하위 레이블까지 닿으며 타 케이팝 레이블과의 차별성을 더욱 공고히 하고 있다. 전문가들이 좋아하는 '케이팝 레이블'이라는 꼬리표가 괜스레 붙은 게 아니다.

그래서 핑크 블러드는 왜

30년을 허투루 보내지 않았구나 싶은 다채로운 이력 가운데, 결국 이 모든 것은 '자부심'이라는 세 글자로 수렴한다. 알음알음 언급되던 핑크 블러드에 세상의 관심이 가장 뜨겁게 몰린 건 아이러니하게도 2023년을 떠들썩하게 만든, SM을 둘러싼 경영권 분쟁이었다. 케이팝 3대 기획사라는 간판과 다양한 이해관계가 엮인 케이팝 역사상 흔치 않은 사례인 만큼 인수전 자체도 화제였지만, 흥미로운 건 그 불꽃 튀는 상황 한가운데에 가장 자주 소환된 단어가 '레거시'였다는 점이다.

'전통'이나 '고유성'이라는 의미로 사용된 그 말에 다름 아닌 핑크 블러드가 가장 민감하게 반응했다. SNS와 케이팝 커뮤니티 곳곳에 숨어 있던 이들이 집단으로 봉기한 수준이었다. 이들이 우려하고 분노한 것은 다름 아닌 SM 그리고 자신들이 오랫동안 자부심으로 지켜온 SM 소속 아티스트와 그들이 만드는 콘텐츠의 색깔이 바뀔지도 모른다는 불안이었다. 세상을 떠들썩하게 만든 '돈의 전쟁' 속에서 오로지 자신이 사랑하는 콘텐츠의 순수성이 훼손되는 것만을 걱정하는 사람들이라니, 순애도 이런 순애가 없었다. 케이팝의 원조이자 괴팍할 정도로 난해한, 그래서 '우리'만이 온전히 이해하고 즐길 수 있는 SM의 콘텐츠는 지난 시간 그 수많은 잡음에도 불구하고 SM 팬들이 마지막까지 놓을 수 없는 희망의 불씨이자 영광의 훈장이었다. SM은 다만 꾸준히 만들고, 팬들은 깨졌다가도 붙으며 그것을 지탱해왔다.

그렇게 SM의 30년이 흘러왔다. 짧지 않은 세월 속, 핑크 블러드는 SM을 만든 사람은 SM을 떠나도 끝내 떠날 수 없었던 사람들이다. 30년이라는 호락호락하지 않은 시간 동안 사랑이라는 가장 순수한 동력으로 끝없이 자가발전을 거듭해온 사람들이다. SM의 길을 그 누구보다 강한 주관으로 지켜봐온 사람들이다. 그런 핑크 블러드의 자부심이 깨지지 않는 한 SM은 앞으로도 케이팝을 대표하는 이름으로 남을 것이다.

first penguin

SM엔터테인먼트에는 언제나 '케이팝의 근본' '케이팝의 선구자'라는 수식어가 뒤따른다. 그들의 행보가 곧 엔터테인먼트 업계의 표준이라고 평가받을 만큼 거침없이 새로운 시도를 해왔고, 그만큼 수많은 최초의 기록을 써 내려왔기 때문이다. 퍼스트 펭귄으로서 늘 도전자이자 선구자의 모습을 보여온 SM의 크고 작은 최초 기록을 모았다. 에디터 장윤성

1

K-POP

한류의 태동

2000년 2월 중국 베이징의 궁런 체육관에서 H.O.T.가 단독 콘서트를 개최했고, 중국 청소년들은 그들을 보며 환호했다. 당시 유행한 한국 드라마나 가요를 통해 중국 내에서 한국에 대한 관심이 제법 높은 편이긴 했다. 하지만 한국 가수의 공연을 보기 위해 수많은 팬이 길게 줄을 서고, 그들을 향해 울부짖을 정도로 열광하는 것은 중국 사회가 그간 목격하지 못한 광경이었다. 중국 언론은 이를 '한류'라고 지칭해 보도했다. SM엔터테인먼트의 행보가 지금의 케이팝 성장을 가능케 한 한류를 태동시킨 순간이다. 이후에도 SM은 아티스트의 해외 진출에 힘을 실었고, 2002년 보아가 한국 가수 최초로 오리콘 주간 앨범 차트 1위를 달성하며 결실을 맺었다. 보아는 2008년 데뷔 싱글 <Eat You Up>을 통해 한국 가수 최초로 미국 메인스트림 시장에 진출했다. 보아의 이러한 성공은 단순한 노력을 넘어 체계적 기획과 육성 시스템에 기반한다. 보아는 SM의 자체 인재 육성 시스템을 통해 실력을 쌓고, 현지화 전략을 위해 일본 가정에 머물며 일본어를 배우고, 추가로 현지의 수준 높은 노래와 춤 프로그램을 습득하기도 했다. 아티스트가 지향하는 방향성에 따라 차이는 존재할 수 있지만, SM은 이렇게 해외 진출을 위한 일종의 기본 공식이자 문법을 정립했다.

2

UNIVERSE

세계관의 시작

지금은 비교적 흔한 아이돌 그룹 세계관 설정의 시초로 꼽히는 건 자타 공인 엑소다. 물론 이전에도 판타지적 스토리를 설정한 그룹은 존재했다. 하지만 세계관 활용도 측면에서 엑소와 큰 차이를 보이기 때문에 보통 엑소를 최초로 꼽는다. 기존 그룹이 단순하게 '설정'만 했다면, 엑소는 '초능력을 가진 12명의 소년'이라는 세계관 스토리텔링을 통해 멤버들의 개성을 조명하는 동시에 이를 꾸준히 유지함으로써 팬들이 자발적으로 재생산할 수 있는 콘텐츠 기능을 하게끔 만들었다. 그룹이 어느 정도 궤도에 오르면 자연스럽게 잊히는 세계관 전략과는 근본적으로 다른 개념이다. SM은 이러한 세계관을 이후로도 점차 강화해왔다. NCT는 데뷔 전부터 두꺼운 책 한 권 분량으로 세계관 스토리텔링을 정리했고, 에스파는 가상 세계의 아바타 멤버와 소통하는 심오한 세계관을 갖췄다.

SM의 세계관이 엔터테인먼트 업계의 모범 사례로 손꼽히는 이유는 최초 시도라는 점과 높은 퀄리티 때문만은 아니다. 엑소와 NCT는 글로벌 시장에서의 확장을 고려해 세계관을 기획했고, 에스파는 팬데믹 시대의 가장 큰 화두이던 메타버스에서 가상 세계 스토리를 착안했다. 세계관 설정을 단순 목적뿐 아니라 좀 더 효과적인 그룹 운용을 위한 수단으로 영민하게 활용한 사례라는 점에 주목할 필요가 있다. 나아가 SM은 2021년부터 SM 아티스트의 세계관을 모두 통합하는 'SMCU'를 추진해왔다. SM의 이 같은 세계관 전략의 뿌리는 H.O.T.에서 찾을 수 있다. 물론 당시에는 '세계관'이라 명명할 수 있는 전략이 없었다. 하지만 불합리에 반항하는 10대라는 설정과 멤버 개인별로 컬러와 번호를 부여하는 등의 스토리텔링을 활용했다. 이처럼 SM은 세계관 설정과 관련해 자신들만의 유산을 발전시키며 최초의 역사를 써왔다.

3

SONG CAMP
A&R

음악 작업의 혁신

SM은 세련된 감각과 차별적 독창성을 무기로 자신들만의 음악을 만들기 위해 새로운 도전을 이어왔고, 이는 현재 다른 엔터테인먼트 기업들도 범용적으로 활용하는 케이팝의 기본 시스템으로 자리 잡았다. 가수의 음반 기획과 작곡가 섭외, 녹음 등 음악 작업 전반을 총괄하는 SM의 A&R(Artists & Repertoire) 시스템은 아티스트의 방향성과 개성을 일관되게 유지하기 때문에 효율성은 물론, 해당 아티스트에게 최적화한 결과물을 만들어낼 수 있다. 업계 전문가들은 A&R이 케이팝의 거의 모든 것을 바꿨다는 평가를 내리기도 한다. 이와 더불어 SM이 2009년 최초로 시도한 후 2011년 본격화한 '송캠프' 역시 위대한 음악적 업적으로 인정받는, 시대를 앞서간 시스템이다. 송캠프는 국적과 경력을 초월한 다양한 장르의 작곡가와 프로듀서 등 창작자들이 한곳에 모여 하나의 음악과 앨범을 완성하는, 분업과 협업을 동시에 진행하는 혁신적 방식이다. 송캠프 안에서 각 창작자가 지닌 저마다의 역량이 자유롭게 만나 시너지를 만들고, 이를 통해 SM만의 독특하고 참신한 음악이 탄생한다. 이처럼 SM이 시작한 케이팝 송캠프는 현재 높은 위상을 자랑한다. 과거에는 해외 작곡가에게 협업을 제안해도 시큰둥한 경우가 더러 있었지만, 지금은 역으로 곡을 제안하거나 송캠프 참가 희망 의사를 밝히기도 한다. 음악에 진심을 담은 SM의 시도가 케이팝의 현주소를 바꿔놓은 것이다.

4

OVERSEAS
COLLABORATION

창작자와의 적극적 교류

SM의 1세대 걸 그룹 S.E.S.가 1998년 선보인 정규 2집 타이틀곡 'Dreams Come True'는 SM에도, 케이팝의 역사 측면에서도 특별한 의미를 갖는다. 이 곡은 SM 최초의 해외 리메이크곡으로, 핀란드 출신 여성 듀엣 나일론 비트 Nylon Beat의 'Like A Fool'의 판권을 구매한 후 새롭게 태어났다. 단순히 곡을 사 온 개념이 아니라 국내 가요계에서 처음으로 해외 작곡가와 교류 및 협업이 이루어졌다는 점에서 기념비적 작업으로 평가받는다. 2021년 12월 에스파가 재해석해 새롭게 선보이기도 한 'Dreams Come True'는 23년이라는 시간이 지났음에도 특유의 몽환적 분위기를 어필하며 많은 사랑을 받았다. 곡이 지니는 역사적 의미뿐 아니라 음악의 영속적 매력을 검증한 셈이다. 그런가 하면 SM은 'Dreams Come True'를 작업하며 자연스럽게 북유럽 음악 시장을 개척하기도 했다. SM은 이처럼 탄탄한 음악적 역량을 갖췄지만 잘 드러나지 않아 미개척지로 여기던 지역의 음악을 수면 위로 끄집어냈고, 이후 북유럽 출신 창작자들은 현재까지도 전 세계 팬덤을 움직이는 트렌디한 곡들을 선보이고 있다.

5

YOUTUBE

선지적 플랫폼 활용

디지털 플랫폼의 변화가 가속화하던 2009년, SM은 한국 엔터테인먼트 기업 중 최초로 유튜브 채널 운영을 시작했다. SM은 시청자들에게 케이팝의 주된 요소인 음악·퍼포먼스·스타일링 등을 종합적으로 보여주기 위해 채널을 열었고, 이는 이후 SM과 유튜브 플랫폼이 함께 성장하며 케이팝의 글로벌 확산에 적지 않은 역할을 했다. 단순히 귀로 감상하는 데 그치던 한국의 대중음악을 눈으로도 감상하는 종합예술의 경지로 끌어올린 SM에 유튜브라는 플랫폼은 제격이었다. 전문가들은 플랫폼의 특성과 잠재력을 알아본 SM의 통찰력을 느낄 수 있는 대목이라고 평가한다.

7

FAN PLATFORM

팬 플랫폼의 시초와 현재

요즘은 팬 플랫폼을 통해 자신이 좋아하는 스타와 직접 메시지를 주고받는 시대다. 팬들에게는 꿈의 실현과도 같은 이 개념을 정립하고 관련 비즈니스를 처음 시작한 기업 역시 SM이다. SM은 2007년 5월 통합 결제 비즈니스 전문 기업 다날과 함께 스타 다이렉트 팬레터 사업 'UFO'를 선보였다. 스타들이 있는 우주 공간에서 그들과 팬 사이의 교신을 담당하는 신비로운 물체라는 의미의 UFO는 휴대전화나 PC를 이용해 아티스트에게 직접 메시지를 전달하는 서비스로, 우편 방식의 팬레터가 주류이던 시기에 혁신적일 수밖에 없었다. 특히 자동 문자 번역 시스템도 갖추고 있어 해외 팬들에게 유의미한 플랫폼이었다. 이처럼 국내 최초로 팬덤 서비스를 선보인 SM은 자회사 '디어유 DearU'를 통해 2020년 2월 비교도 안 될 만큼 진화한 팬 플랫폼 '디어유 버블 DearU bubble'을 선보여 현재도 운영하고 있다. 버블은 아티스트가 보낸 메시지를 일대일 채팅방에서 팬이 수신하고 답장까지 할 수 있는 월간 구독형 프라이빗 메시지 서비스로, SM의 아티스트는 물론 JYP·젤리피쉬·FNC 등 다른 엔터테인먼트 기업 소속 아이돌도 입점해 있는 것이 특징이다. 서비스 측면에서는 팬이 사전에 이름을 정해놓으면 아티스트가 채팅방에서 그 이름을 불러주는 등 스타와 친근하고 긴밀한 관계를 만들 수 있다는 것이 차별점이다. 2022년에는 실시간 라이브 스트리밍 서비스 '버블 라이브'를, 2023년에는 아티스트가 직접 쓴 손 글씨 폰트를 메시지로 받을 수 있는 '버블 폰트' 기능을 추가하며 팬들의 만족은 물론 앞으로의 서비스 진화에 대한 기대감도 심어주었다.

6

ONLINE CONCERT

온라인 콘서트 시대

2011년 6월 한국 단일 브랜드 최초의 프랑스 파리 공연, 같은 해 10월 아시아 최초 뉴욕 매디슨 스퀘어 가든 공연 등 SM은 콘서트 관련 최초의 기록도 다수 보유하고 있다. 여기에 시대 변화와 기술 발전을 조합해 또 한 가지 기록을 세웠으니, 세계 최초의 온라인 전용 콘서트 개최가 그것이다. '비욘드 라이브 Beyond LIVE'라는 이름의 SM 온라인 전용 콘서트 플랫폼은 2020년 코로나19 팬데믹으로 오프라인 공연 진행이 어려웠던 시기에도 팬들에게 양질의 콘서트 콘텐츠를 제공하려는 SM의 의지와 고민이 반영된 결과물이다. 비욘드 라이브는 공연당 평균 20대의 카메라와 뮤직비디오 등 기존 영상을 적극 활용함으로써 오프라인 콘서트와 차별화한 경험을 제공해 팬들을 만족시킨다. SM의 아티스트 SuperM이 2020년 4월 전 세계 최초로 비욘드 라이브를 통한 콘서트를 개최한 이후, 같은 해 5월에 열린 슈퍼주니어의 비욘드 라이브는 전 세계 12만3000여 명의 유료 시청자가 실시간으로 공연을 즐겼다. 인기 아티스트의 일반적 오프라인 콘서트 관객이 1만 명 규모인 것을 감안하면 12배가 넘는 수치다. 이후 2022년 1월, SM은 비욘드 라이브를 전용 서비스 플랫폼으로 글로벌 오픈하며 새로운 UI와 4K 스트리밍 등을 제공해 공연의 질과 고객 편의성을 대폭 끌어올렸다.

현재까지 소속 아티스트들의 노래와 뮤직비디오, 소식 등을 유튜브를 통해 꾸준히 전 세계에 전파해온 SM은 구글로부터 그 성과를 인정받기도 했다. 2024년 9월에 열린 '구글 포 코리아 Google for Korea 2024'에서 SM의 장철혁 공동대표는 '20년 동행 파트너십' 문화 부문 감사패를 수상했다. 구글코리아는 SM이 케이팝 글로벌 확장의 선도자 역할을 해온 점과 1990-2000년대 뮤직비디오를 리마스터링해 선보인 2021년의 프로젝트 등 그간의 파트너십과 성과를 높이 평가했다. 특히 리마스터링 프로젝트는 케이팝의 역사를 기록하는 것은 물론, 그 저변을 확대하고자 하는 SM의 독보적 헤리티지와 영향력을 재확인하는 계기가 되었다.

face to face

지난 30년 동안 케이팝을 이끌어온 SM엔터테인먼트의 행보에 대해 4명의 전문가가 한자리에 모여 의견을 주고받았다. SM의 성장을 지근거리에서 지켜봐온 이들은 SM의 팬이자 비평가, 그리고 파트너로서 SM이 제공한 과거의 추억에 빠지기도 하고, SM 역사의 단면들을 냉정히 평가하기도 했다. 에디터 장윤성 포토그래퍼 맹민화

S.

M.

J.

S.   박성훈. 인생에서 중요한 순간마다 SM과
      뜨거운 협업을 경험해 마음속으로 각별함을
      느끼는 SBS CP. <케이팝 스타>와 <골 때리는
      그녀들> 등을 연출했다.

M.   이마루. 다양한 아티스트의 화보와 인터뷰 작업을
      꾸준히 하고 있는 매거진 <엘르 ELLE> 피처
      디렉터로, 보아와 동갑내기다.

J.   이재훈. <뉴시스 Newsis>의 대중음악 담당
      기자이자 대중음악상 선정위원으로
      활동 중. 중학교 3학년 때 등장한 H.O.T.를
      시작으로 SM의 역사를 목도해왔다.

W.   전우성. 브랜드 전략 컨설팅 그룹 '시싸이드 시티
      Seaside City'의 대표이자 브랜딩 전문가로,
      두 딸이 에스파의 열렬한 팬이다.

W.

전우성(이하 W) SM엔터테인먼트가 지금의 위상을 갖기 전부터 제가 좋아하던 아티스트는 현진영이에요. 국내에서 가창력과 댄스 모두 완벽한 아티스트를 뽑으라고 하면 저에게는 아직도 현진영이거든요. 장르적으로도 댄스, 힙합, 알앤비, 뉴잭스윙을 섭렵했잖아요. 그 후에는 H.O.T., 군 복무 시절에는 S.E.S., 지금은 제 딸들도 열광하는 에스파를 좋아해요. 그러니까 현진영 시절부터 시작하면 SM은 거의 30년 넘게 늘 제 주변에 있었던 거죠.

이마루(이하 M) 저는 S.E.S.로 처음 누군가의 팬이 됐어요. 제 용돈으로 처음 산 가요 앨범이 S.E.S.의 정규 1집이었죠. 그리고 그 무렵 SM이 컴필레이션 개념으로 크리스마스 앨범을 발매했는데, 그때 SM이 엔터테인먼트 회사이고, 여러 아티스트가 소속된 곳이라는 걸 처음 인지했어요.

W 맞아요. SM타운을 선보이면서 소속 아티스트들이 함께 앨범을 내고 뮤직비디오도 찍으니까 확실히 '패밀리'라는 느낌이 있었어요. 그때부터 SM을 명확히 하나의 브랜드로 인지한 것 같아요.

박성훈(이하 S) H.O.T.가 데뷔했을 때 저는 어학연수로 해외에 있었어요. 그러니까 H.O.T.의 탄생이 아닌, 그들이 만들어낸 현상부터 경험한 거죠. 저한테는 이미 그때부터 SM의 존재감이 상당히 크게 느껴졌어요. 그후로도 SM은 S.E.S.부터 2인조 플라이 투 더 스카이, 솔로인 보아, 12인조로 데뷔한 슈퍼주니어 등 각기 다른 멤버 조합의 그룹을 선보이고 성공시키면서 그 존재감을 점점 더 크게 각인시켜갔고, 나아가 'SMP'라고 부르는 SM만의 퍼포먼스를 정립시키기까지 했어요. 단순히 무대에서의 모습을 넘어 이 아티스트와 퍼포먼스를 '누가 만들었느냐'가 더 중요한 시대를 연 셈이죠.

이재훈(이하 J) S.E.S.의 무대를 보고 참 신기하다고 생각한 게 중간에 남성 래퍼들이 랩을 하잖아요. 그런데 그들이 당시 SM의 차기 보이그룹인 신화의 멤버들이었어요. 그렇게 연결점을 만들어가는 걸 보면서 SM이 굉장히 유연하고 치밀한 계획을 가졌다는 걸 느꼈죠. 그리고 저는 SM이 '정반합'을 가장 잘 실천하는 회사라고 생각해요. 이전 세대 그룹들의 부족한 점을 개선하고, 장점들을 적절히 섞어서 더 나은 팀을 만들어내거든요. 그 과정에서 SM다운 팀을 선보이며 아이돌 역사에서 분기점을 만들어왔다고 보고요.

S 저는 SM의 그런 역량이 어느 정도는 내부 시스템의 힘에서 나온다고 봅니다. 사실 과거에 매니저분들과 담판만 잘 지으면 PD로서 못 할 게 없다고 느낀 적이 있는데, SM만은 예외였어요. 솔직히 좀 피곤했죠.(웃음) 모든 일이 매뉴얼 같은 SM의 시스템과 체계 안에서 이루어져야 했거든요. 이런 특징은 현재까지도 이어진다고 봐요. 어떤 면에서는 상당히 중요한 케이팝 성공의 열쇠였던 것 같고요.

> "SM이 지금의 케이팝 명성을 예견한 것까지는 아니겠지만, 케이팝을 글로벌화하기 위한 나름의 계획이 있었다고 생각해요. 가요를 단지 국내에서 소비시키는 게 아니라, 해외에서 성공시키려 한 노력들이 지금의 케이팝을 만든 단단한 초석이 되지 않았나 생각합니다."

J 그러고 보면 현재도 그렇지만 과거에도 SM의 위상과 기세는 아주 대단했어요. 지금도 기자 동료들과 모이면 항상 하는 이야기가 있어요. 2010년에 SM타운 공연 취재차 미국 LA 스테이플스 센터(현 크립토닷컴 아레나)에 간 이야기인데, 'SM 덕분에 이런 경험을 다 해보는구나' 하는 생각이 들더라고요. 그리고 2013년에는 동방신기가 일본 닛산 스타디움에서 콘서트 '동방신기 라이브 투어 2013-타임-파이널 인 닛산 스타디움'을 개최해 객석 7만2000석이 꽉 찼는데, 그런 광경은 정말 처음이었습니다.

M 저는 2016~2017년 즈음이 인상적으로 남아 있어요. 당시 여러 외신에서 케이팝을 분석하는 기사를 쏟아냈는데, 그 시작으로 꼭 언급하는 게 SM과 SM의 아티스트였거든요. 케이팝 역사 안에서 SM이라는 브랜드가 확실한 입지를 지니고 있다는 방증인 셈이죠. 그리고 SM의 글로벌 위상을 말할 때 빼놓을 수 없는 또 한 가지가 아티스트의 글로벌 명품 브랜드 앰배서더 활동이라고 봐요. 지금은 케이팝 아티스트가 이런 활동을 하는 게 아주 일반적 일이 됐지만, 현재까지 이어져온 이 과정에서 중요한 기점이 되었다고 느낀 순간이 GD와 엑소 카이가 각각 샤넬과 구찌의 글로벌 앰배서더로 발탁되었을 때였어요. 브랜드와 아티스트가 정말 잘 어울리는 협업이 되면서 좋은 마일스톤이 되었다고 생각하며, 이후 다른 아티스트의 앰배서더 활동에도 적지 않은 영향을 미쳤다고 봅니다.

W 1996년 H.O.T.부터 2008년 샤이니까지 10여 년의 기간을 가리키는 SM 1.0 시대를 생각하면 가장 먼저 떠오르는 게 보아예요. 저는 당시 보아의 일본 진출이 상당히 신기했어요. 한국 가수가 일본에서 활동하며 오리콘 차트에서 1위 하고, 현지 예능 프로그램에서 일본어를 유창하게 구사하는 모습을 보면서 신선한 충격을 받았죠. 이후에 슈퍼주니어도 동남아시아 등 해외에서 선풍적 인기를 끌었잖아요. 저는 이런 행보를 보면서 SM이 지금의 케이팝 명성을 예견한 것까지는 아니겠지만, 케이팝을 글로벌화하기 위한 나름의 계획이 다 있었다고 생각해요. 우리 가요를 단지 국내에서 소비시키는 게 아니라, 어떻게든 해외에 진출해서 성공시키려 한 노력들이 지금의 케이팝을 만든 단단한 초석이 되지 않았나 생각합니다.

M 저도 보아의 일본 진출 성과는 1.0 시대에서 빼놓을 수 없다고 봅니다. 사실 일본 진출 시도는 S.E.S.가 먼저였어요. 물론 큰 성과를 거두지는 못했지만, 당시 아름다운 곡을 많이 남겼어요. 지금도 노래방에서 부르는 노래들이에요.(웃음) 이런 도전을 꽃피운 게 보아인데, 심지어 당시 일본 최고라 평가받던 연예 기획사 에이벡스 Avex와 협업한다는 소식을 듣고 개인적으로 상당히 고무되었던 기억이 떠올라요. 이후의 일이긴 하지만 일본에서 소녀시대가 거둔 성공 또한 이런 토대에서 이뤄졌다고 생각하고요. 그리고 SM 1.0 시대의 또 하나 특징은 아이돌 그룹 역량의 한계를 재정의했다는 점입니다. H.O.T.가 3집 앨범 때부터 본격적으로

작곡을 시도하는 멤버들이 있었던 것으로 기억하는데, 당시는 아이돌에 대해 '만들어진 그룹'이라는 편견이 지금보다 훨씬 더 강했잖아요. SM이 이걸 깨뜨린 거죠. 멤버들이 아티스트로서의 면모를 찾고 회사 차원에서 이 역량을 지원했다는 점, 이 부분도 SM 1.0 시대의 중요한 성과라 할 수 있습니다.

J 네, 저도 동의해요. 일본 진출 관련해 조금 더 첨언하면, 동방신기가 일본에 진출했을 때 SM이 택한 방식이 전국의 소극장을 돌면서 풀뿌리 팬들의 팬덤으로 시작하는 것이었는데, 이를 통해 성장형 아이돌의 표본을 보여줬어요. 그리고 이는 현재 중소 기획사가 아직까지도 활용하는 일본 진출 모델이에요.

S 가끔 오래된 역사 속 장면을 보면서 '저 시대에도 지금이랑 똑같이 살았구나'라고 생각할 때가 있어요. 그러니까 옛날 경성에서 사람들이 백화점 가는 모습을 보고 놀라는 것과 같은 거죠. 저는 SM 1.0 시대를 보면 그런 느낌이 들어요. 지금은 당연하게 여기지만 당시에는 전무했던 전략과 방식을 창시하면서 새로운 길을 개척했잖아요. 하나하나 도전하고 성공해낸 모습을 보면 큰 그림을 그리듯 커다란 액자에 퍼즐을 맞춰나가는 느낌이고, 이러한 역량이 신기하고 놀랍기까지 합니다.

J 생각해보면 SM의 노래는 사회적으로도 존재감이 있었던 것 같아요. 일례로, 소녀시대의 '다시 만난 세계'라는 곡이 어느 대학교 학내 시위 때 불리기도 했거든요. 저는 이게 케이팝의 역사적 사건이라고 봐요. 양희은 선생님의 '아침 이슬'에 비할 바는 아니지만, 대학생들의 항쟁가가 되고, 그들의 목소리를 대변해주는 노래가 됐다는 것 자체가 참 기념비적 일이죠.

W 2.0 시대가 되면서 SM은 또 새로운 시도를 했어요. 바로 엑소에게 부여한 세계관 설정인데, SM이 왜 이걸 도입했을까를 브랜딩 차원에서 생각해봤어요. 제가 생각하는 브랜딩의 정의는 '남들과 나를 구분 짓는 나만의 가치를 만드는 행위'예요. 점점 치열해지는 아이돌 신에서 '어떻게 더 차별화할 수 있을까'에 대한 SM 고민의 결과였을 거라 생각해요. 아이돌들의 가창력, 퍼포먼스, 외모 등이 상향 평준화되어가는 상황에서 확실히 차별화되는 포인트를 새롭게 잡은 거죠. 그리고 이러한 세계관이 있었기에 이를 추가 콘텐츠나 IP 사업으로 확장시킬 수 있었다고 봅니다.

J 세계관 관련해서 제가 만들어놓고 제가 좋아하는 비유가 있어요.(웃음) SM을 《성경》에 비유하면 H.O.T.가 구약의 시작이고, 에스파는 신약의 시작, 엑소는 구약의 예언서 같은 역할인거죠. H.O.T.는 본격적으로 세계관을 도입한 그룹은 아니지만, 영화를 찍은 적이 있어요. <평화의 시대>라는 작품인데, 흥행이 잘된 건 아니지만 굉장히 좋은 시도였다고 생각해요. 그리고 '우리들의 맹세'라는 곡은 뮤직비디오를 애니메이션으로 만들었어요. 이후 동방신기의 경우 '동방의 신'이라는 설정 자체가 곧 세계관이에요. 이러한 시도들이 쌓이고 발전하면서 엑소의 세계관으로 이어졌어요. 저는 이러한 세계관 설정이 '팬들의 공동체성'을 만드는 데에도 상당히 중요하다고 봐요. 이걸 기반으로 팬들이 콘텐츠를

재생산해내며 소통하게 되었거든요. 핑크 블러드를 구축하는 데에도 큰 역할을 했고요.

M 저는 좀 다른 의견인데요, 경쟁자들과 차별화하기 위해 계획적으로 세계관을 도입했을 거라는 의견에는 동의합니다. 그리고 물론 유의미하게 작용한 부분도 있겠죠. 그런데 엑소의 팬덤이 본격적으로 확장된 시점은 '으르렁 (Growl)'과 'LOVE ME RIGHT'을 선보인 시기라고 보는데, 세계관보다는 결국 스타일링과 음악 및 퍼포먼스의 힘이었다고 생각해요. 팬덤 입장에서는 세계관을 아주 중요한 요소로 받아들이지는 않았을 것이라는 조심스러운 의견입니다. 하지만 현재 에스파의 세계관은 좀 달라요. 이전과는 확연히 다른 시도를 하고, 큰 관심을 받고 있어서 더 새로운 가능성이 엿보인다고 할까요. 그런데 세 분은 가장 SM스러운 아티스트가 누구라고 생각하세요? 저는 "아무래도 샤이니"라는 의견을 꽤 들었는데, 혹시 샤이니가 아닌 분 계신가요?

S 그럼 샤이니 받고(웃음) NCT 추가하겠습니다. 제 입장에서 NCT는 참 신기한 그룹이에요. 어떻게 보면 상당히 열린 조합으로 시작한 팀이죠. 이런 유연함이 기업에는 유리한 방식일 텐데, 인원수가 많아서 멤버들의 이름을 외우기도 어렵고 유동성도 많아 팬덤을 유지하기 쉽지 않을 수 있어요. 그런데도 NCT는 팀의 유대감과 팬덤이 시간이 흐를수록 점점 더 강해지고 있는 것 같아요. 새로운 콘셉트로 무장한 경쟁자가 끊임없이 탄생하는 케이팝 시장에서 이게 흔한 패턴은 아닌 것 같고요. 결국 이러한 시스템을 갖춘 그룹을 시도했고, 성공시켰다는 측면에서 가장 SM스러운 팀이라고 생각합니다.

W 저도 NCT라는 의견에 공감하고, 엑소도 꼽고 싶어요. SM과 소속 아티스트들이 점차 성장하면서 선보인 여러 요소가 있잖아요. 음악과 퍼포먼스, 세계관 그리고 해외 진출까지 이런 행보들을 종합적으로 뭉쳐놓은 그룹이 엑소와 NCT라고 생각해요. SM의 시스템과 노하우, 일종의 공식을 가장 잘 적용시킨 팀인 거죠.

J 지금까지 SM의 선구자적 면모에 대해 많은 이야기를 나눴는데, 저는 SM이 보여주는 또 한 가지 강력한 키워드가 '진보성'이라고 생각해요. 물론 선구자로서 늘 새롭게 도전하니 진보적일 수밖에 없는 것이기도 하겠죠. 그렇다면 이러한 면모를 가장 잘 보여주는 아티스트가 누구인가 생각해보면 f(x)인 것 같아요. 대단히 진보적인 팀입니다. 기업이 커지면 대부분 정해진 흥행 공식에 따라 안정적 선택을 하기 마련인데, f(x)는 그런 결이 전혀 없었어요. 이후에 등장한 레드벨벳도 비슷한 느낌이고요. 3세대 걸 그룹 중에서 음악적으로 이렇게 다양한 시도를 한 팀은 없다고 봐요. 대중적으로 성공하지 못할 위험이 있다는 걸 알면서도 소신을 갖고 시도하고, 결국 성공해낸 이 두 그룹에 저는 표를 던지고 싶네요.

M 저는 딱 한 명을 택해야 한다면 샤이니의 키를 뽑고 싶어요. SM의 인프라를 가장 잘 활용하는 아티스트라는 생각이 들어요. 퍼포먼스를 비롯해 스타일링 등 시각적 부분에서 많은 아이디어를 낸 것으로 알고

> "SM이 보여주는 또 한 가지 강력한 키워드가 '진보성'이라고 생각해요. 물론 선구자로서 늘 새롭게 도전하니 진보적일 수밖에 없는 것이기도 하겠죠."

pioneer

있어요. 팀의 음악과 퍼포먼스는 물론 비주얼적 감도나 세련미를 잘 구축했고, 그걸 자신의 솔로 앨범에까지 구현한 아티스트라고 생각합니다. 그리고 대중적 예능 프로그램을 통해 SM의 여러 긍정적 문화를 직간접적으로 알리는 역할도 했다고 보고요.

___

M SM을 포함한 엔터테인먼트 기업은 위기 상황이 찾아오고 그걸 극복해나가는 과정에 특이점이 있다고 생각해요. 그러니까 보통 아티스트 때문에 위기가 찾아오는 경우가 많지만, 또 아티스트가 팬들의 사랑을 받을 수 있는 결과물을 내놓음으로써 문제를 극복할 수 있다는 게 특이한 거죠. 라이즈 같은 경우도 데뷔 초부터 부침이 심했지만 선보이는 음악과 퍼포먼스마다 퀄리티가 워낙 높았고, 현재 한국 팬덤은 상당히 공고하다고 느끼거든요. 이렇게 팬들이 납득할 수 있는 결과물을 꾸준히 생산해낸 게 SM이 크고 작은 위기를 극복할 수 있었던 동력이 아닐까 생각합니다.

J 말씀하신 대로 '사람'이 가장 큰 위험부담일 수 있겠다는 생각이 들어요. 과거 동방신기나 엑소 멤버들 관련 사태를 예로 들 수 있죠. 물론 이건 비단 엔터테인먼트 산업에 한정되는 문제는 아닐 거예요. 어쨌든 SM은 이런 문제들을 맞닥뜨릴 수밖에 없었어요. 모든 게 처음 도전해보는 것들이었잖아요. 예를 들어 외국인 멤버가 그룹에 들어오는 상황이라면 어떻게든 관련된 시행착오를 겪을 수밖에 없겠죠. SM은 이런 여러 위기를 경험하면서 아주 많은 고민을 해왔고, 비교적 잘 극복해냈어요. 그렇기 때문에 지금의 SM이 존재하는 것일 테고요. 그래서 SM의 시도와 고민, 나아가 시행착오의 과정까지도 존중할 만한 부분이라고 봅니다.

W 맞아요. 저도 SM만이 갖춘 저력이자 차별점으로 '개척 정신'을 꼽고 싶습니다. 앞에서도 계속 자연스럽게 이야기가 나왔지만 남들이 가지 않은 길을 개척했고, 경쟁자들이 그 길을 따라오게 만들었다는 점이 SM의 핵심 가치라고 생각해요.

core

> "낯선 것을 가장 먼저 꺼내고 제시한다, 그것을 기어이 성공시키는 역량이 있다, 그것을 결국 표준화시킨다. 이 세 가지가 SM의 핵심인 것 같습니다."

J 말씀의 연장선에서 보자면 낯선 것을 가장 먼저 꺼내고 제시한다, 그것을 기어이 성공시키는 역량이 있다, 그것을 결국 표준화시킨다. 이 세 가지가 SM의 핵심인 것 같습니다. 여기에 추가로 '유산에 대한 존중'도 SM이 갖춘 상당히 긍정적 태도, 나아가 SM을 규정하는 중요한 요소라고 생각해요. SM은 자신들의 유산을 데이터베이스화해 보존하고 이를 스스로 존중하는 자세를 지니고 있는데, 이것이 계승되면서 SM을 더욱 탄탄하게 만든다고 봐요. 만약 SM보다 훨씬 큰 케이팝 기획사가 생겨도 SM의 유산을 절대로 넘어설 수는 없을 거예요. 정통성이라는 측면에서 SM을 따라갈 수는 없을 테니까요.

M 말씀하신 유산에 대한 존중은 아티스트에 대한 존중으로 이어진다고 생각해요. SM은 소속 아티스트가 원하는 방향성이나 니즈가 있을 때 그것을 최대한 지원하는 곳이고, 그렇게 할 수 있는 데이터베이스나 인력 수준도 상당히 높아요. 이런 역량으로 성공적인 아티스트를 만들어내고,

이에 대해 이후 세대가 존중의 마음을 지니며 회사에 대한 믿음으로 이어진다고 봐요. 그리고 저는 헤비한 케이팝 소비자이기도 하고, 인터뷰나 화보 작업을 계기로 개인적 취향과 거리가 있는 아티스트들의 앨범도 자주 구매해서 듣는데, 그럴 때마다 SM은 비주얼뿐 아니라 음악을 상당히 중요하게 여기고 높은 퀄리티를 보장한다는 걸 느낄 때가 많아요. 송캠프 시스템이 확산되며 비트와 멜로디뿐 아니라 가사의 수준 역시 확실히 높아졌죠. 오케스트라와의 협업이나 EDM 등으로 음악적 스펙트럼을 넓혀온 점도 참 멋진 행보라 생각해요. 이처럼 '음악이 근간'이라는 사실을 잊지 않는다는 것이 간과할 수 없는 SM의 특징이라고 봅니다.

S 저는 핑크 블러드라 일컫는 SM만의 팬덤도 상당히 독특한 특징을 갖고 있다고 생각해요. SM 팬덤은 오히려 아티스트의 고유색이 아니라 SM을 대표하는 분홍색을 자기 팬심을 대표하는 색으로 여기잖아요. 저는 이런 모습을 보면서 상당히 합리적 팬덤이라 표현하고 싶어요. 왜 합리적일까 생각해보면 아티스트를 만들고 성장시킨 회사의 노력을 팬들이 인정하는 것 같거든요. 그리고 SM 아티스트들의 개인 SNS 활동 등을 통해 팬들은 그들과 동료 아티스트 사이의 친밀감을 은근슬쩍 알아차릴 수밖에 없는데, 이러한 유대감을 주고받을 수 있는 SM을 좋은 아티스트가 탄생할 수 있는 토대이자 모태로 생각하고 인정하는 거라고 봅니다.

J 이수만 선생님 이야기를 잠깐 하고 싶어요. 2022년에 팬들이 이수만 창립자의 오프라인 칠순 생일 카페를 열어줬어요. 이수만 선생님을 잘 모르는 팬들인데도 말이죠. 당시 저도 직접 카페를 찾았는데, 40대 아저씨가 들어가니 다들 경계하더라고요.(웃음) 젊은 친구들에게 "이수만 선생님을 아느냐"고 물어보니 역시나 잘 모른다는 답변이 돌아오더라고요. 그래서 "그런데 왜 이렇게까지 하는 거냐"고 물으니 "제가 좋아하는 아티스트를 발굴하고 성장시켜주신 분이잖아요"라고 했어요. 한 아티스트의 팬이 SM의 팬이 되는 거죠. 그리고 SM 팬덤에는 자신이 좋아하는 아티스트는 물론 선배 그룹들이 어떻게 만들어졌고, 어떤 활동을 했는지 공부하는 특징이 있어요. 이전 세대는 어땠고, 이런 특징이 연결되어 현재 이런 팀이 만들어졌구나 하는 걸 공부하는 거죠. 심지어 엑소의 세계관을 공부하는 '엑소학'이라는 것도 있고, 관련 논문까지 존재할 정도예요. 이렇게 SM에는 오래된 유산이 많고, 접할 수 있는 IP가 많다 보니 팬이 되면 자연스레 학구적 팬덤이 되는 것 같아요. 다른 팬덤과는 확실히 차별화되는 점이죠.

W 저는 사실 SM의 팬이 아니어서 잘 모르지만, 세계관을 공부한다는 점에 대해서는 어느 정도 공감해요. 공부까지는 아니지만 저도 에스파의 세계관을 이해하려고 이런저런 자료를 찾아봤는데, 이전 세대의 팀과 연결된 개념이 적지 않더라고요. 여러 그룹을 살펴보고 이해해야 하는 이 상황에서 SM 세계관만의 고유한 연결성이 팬 입장에서는 재미있는 요소인 거죠. 마치 마블 시네마틱 유니버스처럼요. 팬들 입장에서는 벗어날 수 없는 매력이 아닐까 생각합니다.

M 고백하자면 저는 핑크 블러드입니다.(웃음) 2022년 수원에서 열린 'SMTOWN LIVE 2022: SMCU EXPRESS @HUMAN CITY_SUWON' 콘서트 때의 감동을 지금도 잊을 수 없어요. 15주년을 맞이한 소녀시대가 완전체로 등장해 더 의미가 있었죠. 저는 팬 계정들을 다양하게 팔로우하는데, SM 팬들을 보면 스스로 수준이 높다고 생각하고, 그렇기 때문에 자의식이 상당히 강한 것 같아요. 다른 팬덤과 비교했을 때 아티스트의 결과물에 대한 기대치가 높기도 하고요. 때로는 야박하다 싶을 정도죠.(웃음) 아티스트 역시 이 기준치를 만족시키기 위해 늘 노력하고요. 또 한 가지 특징은 '내리사랑'이에요. SM은 신인 그룹을 데뷔시켜도 팬덤의 연령대가 그다지 낮아지지 않는데, 이전 아티스트의 팬들이 유입되는 영향도 있다고 생각해요. 그렇기 때문에 핑크 블러드인 것이고요.

S 2023년에 SM이 3.0 시대를 발표했는데, 현업 PD로서 가장 눈에 띄는 점은 멀티 프로덕션 및 산하 레이블 시스템이었어요. 이런 방식은 아무래도 프로덕션끼리 경쟁도 하고 도움도 주고받는 취지일 텐데, 적어도 제 경험상 경쟁이 강조되는 경우가 더 많았어요. 저와 같은 PD나 방송사 입장에서는 기획사 자체와 통합적 이야기를 나누고 싶을 때가 많은데, 조직 내의 경쟁이 심화되면 그럴 수가 없거든요. 자칫 경쟁 구도에 휘말려 들어갈 수도 있죠. 그런데 SM은 각 프로덕션의 개성과 독립성을 철저히 지킨다고 하면서도 SM과 관련한 중요한 사안에 대해서는 어느 누구에게 이야기해도 상관없다고 하더라고요. 장단점이 공존하는 방식이지만, 내부적으로 서로 일을 조정하고 나누고 돕는 토양이 이미 마련된 곳이라면 단점은 최소화하고 장점만 취할 수도 있겠구나 하는 기대감이 생겼습니다. 한편으로 안심도 됐고요.

W 저도 마찬가지로 멀티 프로덕션 및 산하 레이블이 가장 먼저 눈에 들어왔는데, 주관적 관점이지만 이미 진보적 결과물들을 만들어놓은 상황에서 음악적 스펙트럼을 더 확장하려나 보다 싶었어요. 독립적으로 움직일 수 있으니 한층 더 다양한 시도를 하겠죠. 이를 통해 지금까지와는 또 다른 시스템이나 트렌드가 만들어질 수 있을 거고요. 그러면 또다시 새로운 개념이 정착되고, 다른 경쟁자들도 그 길을 따라갈 겁니다. 저는 이 새로운 게 무엇이 될지 가장 궁금하고 많이 기대하고 있어요.

the future

J 개인적으로 SM 3.0 시대에 크게 세 가지를 기대하는데, 첫 번째로 SM이 음악적 외연을 어디까지 넓힐 수 있을지 궁금합니다. 알앤비, 댄스, EDM 등을 통해 케이팝 신에서 누구보다 음악적으로 다원주의를 표방하는 SM이기에 멀티 프로덕션 및 산하 레이블 체제가 가져올 시너지가 기대되고요. 두 번째로는 버추얼 아티스트 '나이비스 nævis'가 큰 화두가 될 것 같아요. SM의 기획력과 기술력을 바탕으로 충분히 확장할 가능성을 지녔다고 봅니다. 에스파와 이어진 세계관이 어떻게 전개될지도 궁금하고요. 그리고 세 번째는 새로운 해외 진출입니다. 제가

감히 넘겨짚자면, 현재 SM의 가장 큰 고민 중 하나가 바로 북미 시장일 거예요. 사실 SM의 명성에 비해 북미에서는 아직 큰 성과를 거두지 못했기 때문에 이 시장을 개척하는 게 목표일 거라고 생각합니다. 물론 조만간 성과를 내지 않을까 하는 기대감도 갖고 있습니다.

M 동의해요. SM에 대한 한국과 아시아의 팬덤은 아주 공고한 데 반해 유럽과 북미 시장에서는 대중이 체감할 만큼 글로벌한 긍정 지표를 낸 아티스트가 아직 없는 건 사실이니까요. 그리고 이 의견은 팬의 입장에서 내는 것이기도 한데요, 케이팝 팬들이 전체적으로 느끼는 피로도가 상당히 심한 수준이라고 생각해요. 판매량 증대를 위한 팬 사인회 등 기시감 있는 이벤트가 소모적으로 이루어진다고 느낄 수밖에 없어서 이런 문제를 어떻게 해결할 수 있을지 논의되면 좋을 것 같아요. 이 연장선에서 버블 같은 팬 플랫폼을 어떻게 발전시킬지도 궁금해지고요.

S 저도 SM에 바라는 게 있다면 30주년과 관련한 행보인데요, 올해가 SM의 30주년이잖아요. 그런데 저는 이 30년이 단순히 SM의 30년이라고 생각하지 않아요. SM이 케이팝의 근본인 만큼 '케이팝의 30주년'이라고도 생각하기 때문에 SM만이 만들 수 있는 새로운 이정표를 세워서 업계에 모범을 보여주면 좋겠어요. 물론 쉬운 일은 아닐 거라고 봐요. 과거에는 SM이 압도적 1위였다면, 지금은 각기 다른 영역에서 혁신을 만들어내는 기업이 많아졌으니까요. 하지만 그럼에도 SM만의 저력을 보여주길 기대하고 있습니다.

J 저도 비슷한 생각인데, 좀 더 나아가서 SM이 케이팝 박물관을 만들어주면 좋지 않을까 싶어요. '케이팝 = SM'이라는 등식이 생기기도 했고, 보유한 유산이 워낙 많으니까요. 그리고 또 한 가지 개인적 바람이자 아이디어가 있어요. 현재 케이팝에 치중된 한국 대중음악의 다양성을 확보하는 건 SM이 있어야 가능할 거라고 보는데, 올해가 인디 음악 30주년이에요. SM 역시 30주년을 맞이한 만큼 동갑인 인디 음악과 협업하며 함께 아우르는 모습을 보여주면 유의미하고 좋지 않을까 싶습니다. 인디 음악에 대한 존중을 보여주면 SM이 갖고 있는 한국 대중음악계의 대부라는 이미지가 더 강화될 거라고 생각해요.

> "저는 이 30년이 단순히 SM의 30년이라고 생각하지 않아요. SM이 케이팝의 근본인 만큼 '케이팝의 30주년'이라고도 생각하기에 SM만이 만들 수 있는 새로운 이정표를 세워서 업계에 모범을 보여주면 좋겠어요."

W 저는 다분히 대중의 입장에서 이야기하는 건데, 살면서 국가에 대한 자긍심에 취하는 순간이 그리 많지 않잖아요. 생각해보면 국제적 스포츠 이벤트에서 몇 번 경험하고, 최근 한강 작가님의 노벨 문학상 수상 소식을 들으면서 느낀 것 같아요. 그런데 이제는 케이팝이 이런 감정을 느끼게 해주는 하나의 분야로 완전히 정착했다고 봅니다. 게다가 SM은 여전히 케이팝의 선두에 있으니, 문화의 힘을 통해 이런 감정을 느끼는 순간을 많이 만들어주면 좋겠어요. 적어도 저한테는 그것만으로도 충분할 것 같네요.

SM엔터테인먼트와 계약한 일부 아티스트의 일본 활동을 담당하는 에이벡스 스타일스 Avex Styles는 고이구치 유가 이끄는 에이벡스의 새로운 계열사다. 오랜 기간 지근거리에서 SM의 행보를 지켜봐온 그는 SM이 아티스트와 팬을 향한 진정성을 기반으로 독창적 브랜드 정체성을 정립하고, 선구자 정신으로 글로벌 시장을 개척했다고 말한다. 그는 스트리밍 중심의 콘텐츠 비즈니스가 가속화되는 현시점에 케이팝은 더 많은 부가 콘텐츠를 만들어내며 저변을 넓혀갈 것이라는 전망을 덧붙였다. 에디터 유아영 포토그래퍼 고마쓰바라 에이스케

opinion
yu koiguchi

2003년 에이벡스 엔터테인먼트에 입사한 후 20년 만에 새롭게 창립한 아티스트 프로덕션 에이벡스 스타일스의 대표직을 맡아 회사를 이끌고 있습니다. 에이벡스 스타일스는 어떤 회사인가요?

에이벡스 스타일스는 매니지먼트 회사로서 크게 두 가지 사업을 진행합니다. 첫 번째로는 SM엔터테인먼트 소속 아티스트 중 에이벡스와 계약된 아티스트 관련 일본 업무를 서포트하는 에이전트입니다. 에이벡스 내에 다양한 기능을 갖춘 계열사와 협력하며 진행 중이죠. 계약한 아티스트의 일본 에이전시로서 음악 제작 및 CD 판매를 비롯해 공연 협의, 현장 참여, MD 기획 및 개발까지 폭넓은 영역을 서포트하고 있어요. SM 관련 업무 외에도 일본 내 새로운 아티스트를 발굴, 육성, 개발하는 매니지먼트 프로덕션의 업무도 수행하고 있죠.

요즘은 어떤 업무에 집중하고 있나요?

현재 동방신기 일본 데뷔 20주년 프로젝트에 주력하고 있습니다. 20주년을 기념한 음반을 발매하고, 투어 콘서트도 진행할 예정이에요. NCT WISH의 일본 활동에도 집중하고 있고요. NCT WISH는 SM과 에이벡스의 오랜 관계 속에서도 처음 시도한 방식으로 탄생한 그룹이에요. 일본 민영 방송사인 닛폰 테레비와 SM, 에이벡스 3사가 노력해 완성한 산물이죠. 기존 NCT는 한국에서 시작해 일본 및 전 세계적으로 활동해왔지만, NCT WISH는 첫 한일 동시 데뷔라는 점에서 의미가 큽니다.

에이벡스와 SM의 인연은 보아부터 시작했죠.

SM은 재능있고 세계적으로 도약할 가능성이 있는 아티스트가 소속되어 있고, 에이벡스는 이를 기민하게 발견한 것뿐입니다. 사실 제가 입사하기 전에 이미 보아와 계약이 이루어진 상태였는데요, 스크린에서 처음 보아를 봤을 때 '선구자'라고 생각했어요. 어린 나이에 뛰어난 실력을 갖추고 생동하는 아티스트가 있다는 그 자체가 놀라웠을 따름이죠. 보아가 있었기에 에이벡스의 선견지명은 주효했습니다.

보아의 일본 진출에 크게 기여하며 SM과 긴밀한 파트너십을 쌓아왔고, 이후 동방신기, 슈퍼주니어, 엑소, 레드벨벳, NCT까지 많은 SM 소속 아티스트가 에이벡스를 통해 일본 시장에서 활동을 전개했습니다. 에이벡스가 SM에서 엿본 가능성은 무엇이었나요?

제가 느끼는 SM의 차별점이자 본받아야 할 점은 팬들을 소중히 여긴다는 것입니다. 당시 제 옆 부서에서 SM 프로젝트를 담당했는데, 높은 인기에도 불구하고 바로 도쿄의 대형 콘서트장에서 공연하는 것이 아니라, 일본 전국을 순회하며 팬들을 직접 찾아가겠다는 결정을 내린 것을 보고 감탄했어요. 일본에는 도시 곳곳에 크고 작은 공연장이 많은데요, SM은 일본의 공연 환경을 제대로 이해하고 있다고 느꼈죠. 일시적 수익을 위한 활동보다는 이 나라에서 오랫동안 사랑받기 위해 무엇이 필요한지를 이해하는 행보를 이어왔어요. 일본어가 서투른 아티스트들이 점점 언어가 유창해지는 모습을 보며 열의가 대단하다고 생각했죠. 팬들과 교류하고, 그들을 존중하는 태도가 인상적이었습니다.

현재는 케이팝 아티스트가 부도칸이나 아레나는 물론 돔 투어를 할 정도로 성공했지만, 2000년대 초중반에만 해도 지금과는 상황이 달랐던 것으로 압니다. SM이 일본에서 안정적 성공 반열에 오른 시기를 언제쯤으로 보나요?

시기적으로는 제가 입사한 2000년대 후반쯤부터였던 것으로 기억합니다. 일본에서 처음 아이돌 그룹 형태로 인정받고, 독특한 방식으로 성공했다고 느낀 건 동방신기였어요. 일본에도 집을 마련하고 한국보다 일본을 중심으로 스케줄을 소화할 정도로 많은 활동을 했죠. 그들의 겸손한 태도, 강한 의지, 팬들을 소중히 여기는 모습이 일본 국민에게도 진정성 있게 받아들여지면서 큰 성공으로 이어진 것 같아요. 지금도 마찬가지지만 그 당시에도 SM은 팬들을 위해 많은 노력을 기울였고, 저희의 제안도 진지하게 수용하며 활동한 점이 인상 깊게 남아있어요.

SM과 이어온 긴 여정 가운데 특별히 기억에 남는 도전이 있나요?

철저한 기획 아래 보아의 일본 진출을 꾀했다는 점이요. 보아처럼 완성형의 실력을 갖추며 일본어까지 유창하게 구사하는 아티스트가 있을까요? 보아에게 필적할 만한 아티스트는 아직까지 나오지 않았다고 생각해요. 최근에는 NCT WISH가 인상적입니다. 일본 미디어에서 SM의 트레이닝 시스템을 공개한 건 처음이거든요. SM의 협조와 닛폰 테레비의 이해, 그리고 에이벡스의 서포트라는 한일 합작의 시너지를 보여준 프로젝트이기도 하죠. 그룹 데뷔를 장식한 첫 번째 앨범은 한국보다 일본에서 1-2주 정도 먼저 공개되었는데요, 다른 NCT 팀과는 차별화된 접근 방식이 돋보이는 부분이죠.

과거 일본 아티스트 중에도 방송을 통해 트레이닝 시스템을 보여주는 사례가 있었나요?

비하인드 포토 등의 이미지를 보여준 경우는 있어도, SM 같은 대형 기획사에서 디테일하게 비하인드를 공개한 사례는 많지 않습니다. 대중은 대형 기획사의 단편적 부분보다 사실적 모습을 더 궁금해하잖아요. 그런 점에서 SM이 트레이닝 시스템을 보여준다는 것만으로도 주목받을 수 있었죠.

SM과 꾸준히 좋은 관계를 유지해온 비결은 무엇인가요?

아티스트와 팬을 진심으로 아끼는 마음이라고 생각해요. 저희 회사는 특히 이 부분에 대한 자부심이 강하고요. 물론 수치적 성과도 필요하지만, 만약 에이벡스가 단순히 수치에 기반한 결과만 신경 썼다면 살아남지 못했을 겁니다. 아티스트와 팬에게 깊은 애정을 가진다면 비즈니스 면에서 단기적으로 손해를 보더라도 장기적으로는 긍정적 결과를 가져올 수 있거든요. 이런 점에서 SM과 에이벡스는 공통된 가치관을 공유하고 있다고 생각합니다. 공통점을 바탕으로 형성된 신뢰는 비즈니스 파트너 그 이상의 견고한 관계를 만들었어요. 프로젝트를 진행할 때도 잘 통한다는 생각이 드는 순간이 많은데, SM 재팬과 논의할 때 "저희도 그렇게 생각하고 있었어요"라는 말을 자주 듣곤 하죠. 이처럼 팬과의 접점을 중요시하는 부분이 서로 맞닿아 있어요.

다른 엔터테인먼트사들과 차별화되는 SM만의 장점이나 특징은 무엇이라고 생각하나요?

가장 큰 차별점은 SM만의 브랜딩, 즉 브랜드 파워라고 생각합니다. 이른바 "SM스럽다"라고 표현하잖아요. 그런 독특함을 선점한 것이죠. 물론 그 과정에서 도전과 과제도 많았겠지만, 중심이 되는 뿌리를 지켜왔다는 감각이 느껴져요. 상업적 이익에 치우치지 않고 브랜드의 오리지널리티를 남기면서 비즈니스를 성공적으로 이어왔다는 점은 본받을 만하다고 생각합니다.

가까운 거리에서 보고 느끼는 SM스러움이란 무엇인가요?

창의성이라는 단어를 체현한 것이죠. 아티스트마다 그들만의 창의적이고 독특한 분위기를 만들어내요. SM은 브랜드를 만드는 데 탁월한 노하우와 감각이 있다고 봅니다. 예를 들어, NCT만 봐도 NCT스럽다는 이미지가 느껴져요. 자신의 신념을 관철하는 지점이 SM만의 강점이자 차별화된 포인트인 것 같습니다.

이번엔 케이팝에 대한 견해를 듣고 싶습니다. 케이팝의 어떤 요소나 전략이 글로벌 음악 시장에서 지금과 같은 케이팝의 위상을 만들었다고 생각하나요?

아티스트를 개발, 육성, 발굴하는 측면에서 케이팝이 크게 성공한 이유 중 하나는 '인내심'이라고 봅니다. 한국은 발굴에서 육성까지 몇 년씩 걸리는 것이 일반적이잖아요. 일본은 한 명의 아티스트를 4년 이상 트레이닝하는 경우가 꽤 드물거든요. 한국의 기획사는 타협하지 않고, 연습생들은 그 기간을 강단 있게 버텨내죠. 또 하나의 성공 요소는 '기술의 진보'입니다. 대부분의 케이팝 스타는 팬덤을 형성하는데요, 이 팬덤 문화가 디지털 시대에 비즈니스적으로 맞물려 극대화되었다고 생각해요. 동시대 사람들은 자신의 취향대로 음악을 듣고, 좋아하는 사람의 영상을 보는 등 각자 목적을 가지고 그것을 소비하죠. 케이팝 아티스트 팬이 그 아티스트의 음악을 사용해 만든 콘텐츠를 SNS에 올리며 케이팝이 바이럴되는 경우가 많아요. 음악으로 자유롭게 놀 수 있는 지금과 같은 세상에 케이팝은 전 세계 사람이 음악으로 놀 수 있는 다양한 상황을 만들어줬어요.

과거 변화하는 음악 업계에 대해 "스트리밍의 가속화는 음악 업계에 큰 긍정적 영향을 미쳤다. 앞으로도 이러한 흐름은 더욱 가속화될 것"이라고 언급한 적 있어요. 현재 케이팝의 성공에 스트리밍의 가속화가 어떤 방식으로 작용됐다고 생각하나요?

스트리밍은 단순히 사용자의 청각을 사로잡는 것에 그치지 않고, 음악에 대한 이해도까지 일깨워줬습니다. 결국 그 점이 케이팝의 가속화로 이어졌다고 생각해요. 옛날부터 독자적 앱이 강하던 한국 시장의 입장에서는 크게 변하지 않았다고 느낄 수 있어요. 하지만 세계적으로는, 적어도 일본은 확실히 변했어요. 일본은 구독과 스트리밍 서비스 허가 자체가 늦은 나라였거든요. 스트리밍이 있었기에 대중은 보다 자유롭게 음악을 접하고, 스스로 콘텐츠에 활용하며 조예가 깊어졌어요. 좋은 의미로 음악을 자유자재로 만질 수 있는 현시대를 생각했을 때 케이팝은 적합한 장르죠. 스트리밍은 앞으로도 더욱 가속화될 것입니다. 그리고 언젠가 스트리밍이라는 단어조차 없어지는 날이 오지 않을까요.

이러한 흐름에서 SM은 어떤 역할을 한다고 보나요?

선구자 정신과 독창적 비전을 제시하는 역할이라고 생각합니다. 미국 땅을 밟는다거나, 일본 진출 시도 등 지금은 케이팝 신에서 흔히 있는 대부분의 일이 사실 SM에서 먼저 한 번쯤 해본 도전들이죠. 물론 시대적으로 너무 앞서간 적도 있을 거고요. SM이 일본 혹은 다른 나라에서 한 시도들이 현재 케이팝의 최전선에 있는 회사들의 기반이 되었을 것입니다.

마지막으로 미래 글로벌 시장에서 SM은 어떤 입지를 지니게 될까요?

코로나19로 인해 다양한 비즈니스가 생겨났지만, 지금은 많은 것이 사라지고 있는 시기입니다. 결국 뿌리가 단단한 것들만 남죠. 자본력과 인프라, 헤리티지 같은 강력한 요소가 없다면 살아남기 힘들고요. SM은 앞서 언급한 'SM스러움'이라는 차별화된 브랜딩이 강점입니다. 타협하지 않는 노하우를 쌓아왔고, 이러한 일관성은 꾸준히 인정받을 것입니다. 그들만의 고유성을 고수해왔기에 지금의 위치에 올라선 거죠. 이런 방향성은 변하지 않고, 결국 글로벌 시장에 문화적 유산으로 남을 거라 기대합니다.

the

legends

SM엔터테인먼트의 오늘은 H.O.T.라는 반석을 딛고 올라선 역사라 해도 과언이 아니다. 그런 의미에서 강타는 SM의 시작과 현재를 기억하고 있는 유구한 지층과도 같다. 데뷔 25주년을 앞둔 보아는 여전히 진행형 아티스트다. SM에서 가장 오랫동안 무대를 사수하며 방향성을 제시한 북극성 같은 존재라 할 수 있다. SM이 보낸 30년의 역사 안에서 가장 깊고 오래 머무른 두 전설, 강타 그리고 보아와 나눈 대화. 에디터 민용준(인터뷰), 백진희(화보) 포토그래퍼 이준경

KANGTA

● 동행

SM엔터테인먼트의 최장기 멤버로서 SM이 꾸준히 지켜오고 있는 가치는 무엇이라 생각하나요?
SM은 지속적인 어젠다를 제시하는 회사라고 생각해요. 케이팝의 방향성을 일찍부터 제시해온 회사의 정체성이 아티스트를 존중하는 감성을 유지하는 방식으로 나아갈 수 있다는 걸 증명했죠. 아티스트를 감성적으로 존중하기 때문에 그들의 활동에 디딤돌이 될 수 있는 체계를 마련할 수 있었다고 봐요. 저를 포함해 SM과 마음이 맞아 함께하길 바라는 아티스트라면 지속적으로 활동할 수 있는 길을 같이 모색하는 역할을 하는 거죠.

아티스트 출신 비등기 이사가 됐다는 사실만으로도 상징적 지위를 차지했다고 말할 수 있을 것 같습니다. 후배들에게도 귀감이 될 만한 사안이죠.
상징적 지위를 마련해준 것 자체를 큰 배려라고 여기지만, 결국 그 자리에서 할 수 있는 걸 하지 못하면 어떤 힘을 줘도 고갈되는 법이죠. 단지 이 회사에 오래 있었고, 예전에 중요한 업적을 쌓았다고 해서 높은 지위를 주고 대접해주는 건 아닐 거예요. 이사라는 직책을 받았으니 그에 걸맞은 직무를 수행하며 실력을 보여주고 자격을 갖춰야 해요. 회사가 대체 왜 저 선배에게 저런 지위를 준 것인지 충분히 납득할 수 있게 만들어야죠.

현재 SM의 음악 퍼블리싱 자회사 'KMR'의 국내 작곡가 20여 명으로 구성된 '스매시히트' 프로덕션의 총괄 프로듀서를 맡고 있습니다. A&R 파트의 혁신에서 중책을 맡고 있는 셈인데, H.O.T. 시절부터 일찍이 자작곡을 만들고 음악적 역량을 발전시키는 노력이 있었기에 가능한 일이었겠죠. 결국 미래를 대비하는 일이 된 셈이랄까요?
확실히 그렇죠. 돌이켜보면 '우리도 해볼 거야'라는 식이었으니 유치한 마음도 없진 않았던 것 같아요. 하지만 그게 제 인생에서 음악이라는 기둥을 만들어준 셈이었죠. 그때 그런 마음을 갖지 못했다면 지금처럼 계속 음악을 하며 살 수 없었을 거예요. 아마 다른 길을 찾았겠죠. 더 어리고, 더 재능 있는 친구들이 등장하면 이전에 활동하던 세대는 자연스럽게 뒤로 물러날 수밖에 없어요. 음악적으로 새롭게 발전하도록 노력했고, 아티스트로서 인정받을 수 있는 계기를 만난 덕분에 여기까지 올 수 있었던 거죠.

SM에서 구상하는 KMR은 케이팝의 흐름이 인기 있는 아티스트의 국적에 집중되는 것을 넘어 창작적 중심으로 나아가겠다는 야심처럼 보입니다.
저는 이런 음악 퍼블리싱 산업이 SM을 넘어 케이팝 산업의 엔진이 될 거라 확신합니다. 곡의 로열티가 레이블의 자산이 되고, 사업적으로 매우 가치 있는 일이라는 건 이미 다들 알고 있잖아요. 대부분의 엔터테인먼트 회사가 저마다 직접 퍼블리싱하는 시스템을 만들고 있지만, KMR은 자사의 곡만 피칭하는 게 아니라 전 세계 음악 산업을 상대로 사업을 전개하는 것이라 훨씬 공격적이죠. 회사에서 꾸린 프로듀싱 팀의 성장을 도모하는 것을 넘어 새로운 동력을 만들어내는 일에 동참한다는 점에서 굉장히 설레는 일이에요.

●● 시작

H.O.T.로 데뷔한 해가 1996년이니 벌써 약 30년 전입니다. 혹시 데뷔 무대를 기억하나요?
데뷔 무대 녹화를 아마 수요일쯤 했을 거예요. 그 주 주말 토요일 방송으로 나갈 예정이었죠. 녹화를 마치고 주말까지 아무렇지 않게 학교에 갔어요. 방송이 나간 뒤, 월요일에 등교하려고 집을 나섰는데, 집 앞에 여학생들이 엄청 와 있는 거예요. 옛말처럼 자고 일어나니까 세상이 바뀐 거죠. 처음에는 너무 이상했어요.

주말 이전까진 평범한 학생이었는데, 어느 날 갑자기 알아보는 사람들이 생기니까…. 그 첫날의 감정이 제일 크게 남아 있는 것 같아요. 정말 너무 어린 나이였죠.

H.O.T. 메인 보컬이었지만 원래 노래보다 랩이나 춤에 더 관심이 있었다고요?
랩에 관심은 많았지만 소질은 없었던 것 같아요.(웃음) 중학교 시절 보이즈 투 맨 Boyz Ⅱ Men의 'End of the Road'를 듣고 새로운 음악을 알게 되면서 힙합도 접하고 춤에 관심도 갖게 됐죠. 그렇게 먼저 백업 댄서로 활동했는데, 당시 차에서 흘러나온 노래를 따라 부르는 걸 들은 유영진 선배님이 저를 보컬로 추천하셨대요. 저에게 은인 같은 분이죠. 그 당시 저는 노래하는 걸 좋아했지만 잘한다고 생각하지 못했거든요.

H.O.T.로 데뷔한 1996년은 '아이돌'이라는 단어조차 낯선 시절이었습니다. '10대 댄스 그룹'이라는 언어가 보편적인 시절이었죠. 그런 시기를 돌아보면 아이돌이나 케이팝이라는 단어가 당연하게 받아들여지는 지금까지 얼마나 많은 변화가 있었는지 새삼 놀랍기도 합니다. 아이돌의 위상이 높아진 지금의 분위기를 보면 어떤 기분을 느낄지 궁금합니다.

솔직히 부럽죠. 후배들이 정말 많이 부러워요. 이제는 데뷔할 때부터 글로벌 시장 공략을 당연한 목표로 여기잖아요. 제가 H.O.T로 활동할 때에는 상상하지 못한 시대를 살고 있는 거죠. 그래서 너무 신기하기도 해요. 속으로 막연하게 생각한 일이 당연하다는 듯 벌어지는 시대가 됐으니까. 전 세계에서 한국 음악을 듣고, 케이팝을 좋아한다고 말하는 사람이 이렇게 많은 시대를 산다는 게 놀랍죠. 과거에는 꿈이라 말하기 힘들 정도로 요원한 일이었는데 말이에요.

●●● 스타

요즘처럼 케이팝 아티스트의 해외 진출이 적극적인 시절에 H.O.T. 활동을 했다면 어땠을까 생각해본 적은 없었을까요?
만약 H.O.T.가 1990년대 후반에 누린 인기를 그대로 갖고 지금 활동할 수 있다면 굉장할 거라 말씀해주시는 분들이 계세요. 아무래도 저에게 애정이 있으니까 하는 말이겠지만요. 그런데 오히려 저는 의문을 갖게 돼요. 지금 시대에서 H.O.T가 그만한 인기를 얻을 수 있을까? H.O.T.로 활동하던 과거와 비교하면 시스템도 많이 변했고, 경쟁도 치열해졌고, 대중이 바라는 눈높이도 완전 달라졌는데 그때만큼 사랑받기는 어렵지 않을까?

그러니까 그 시절 그렇게 큰 사랑을 받은 게 축복이죠. 겸손하고 싶어서 하는 말이 아니라 실제로 그래요. 심지어 데뷔도 못 했을지 모르죠.(웃음) 그래서 "H.O.T.가 지금 같은 시대에 활동했다면?" 같은 이야기를 할 필요는 없는 것 같아요. 그 시절에는 정말 너무 많은 사랑을 누렸으니까 그게 아직까지도 고마운 거죠.

H.O.T는 아이돌이라는 언어가 대중적으로 알려지기 이전에 등장했죠. 그런 면에서 새로운 인식을 이끌어내야 한다는 의식이 생겼을지 모릅니다. 일찍이 '빛'을 시작으로 자작곡을 만들어 앨범에 수록하며 싱어송라이터의 길을 개척한 것도 그런 의식이 반영된 결과가 아니었을까요?
그랬던 것 같아요. 데뷔 후 아이돌 그룹이 정말 많이 나왔고, 그런 현상을 비판적으로 바라보는 인식도 상당했어요. 기획된 댄스 그룹이 지나치게 인기를 끌고 있다는 식으로요. 그런 현상을 이끌고 있다고 여겨지는 H.O.T.의 일원으로서 그 인식을 뛰어넘는 무언가를 증명하지 못하고 그냥 넘어가면 계속 비판에 직면할 거라고 생각했죠. 멤버들끼리도 그런 이야기를 정말 많이 했고요. 우리만의 소리를 내고 색깔을 보여주지 않으면 자꾸 비판적 프레임에 씌워져 아이돌 신이 지나치게

매도될 수 있겠다는 생각을 했어요. 지금 받고 있는 큰 사랑과 응원에 대한 자격을 좀 더 잘 갖춰보자고 마음을 모은 것 같아요. 어찌 보면 반사 심리가 튀어나온 건데, 프로듀싱 능력을 키울 수 있는 기회이기도 했죠.

●●● 도약

퍼블리싱 사업을 이끄는 총괄 프로듀서의 입장은 소속 아티스트로서 활동할 때와는 완전히 다를 것 같습니다. 그 과정에서 느끼는 고충도 있겠지만, 신선한 흥미를 느끼는 측면도 있을 거 같고요.

네, 완전히 다르죠. KMR에 소속된 레이블들의 매출 지표가 다 뜨거든요. 그걸 보는 게 참 재미있기도 하고, 무섭기도 해요. 지표가 안 좋으면 다 제 책임이 되잖아요. 사실 아티스트로서 회사에 기여하는 건 정량적 수치로 딱 떨어지게 보이지 않거든요. 그런데 지금은 어떤 곡을 만들었고, 누가 불렀고, 어디에 팔렸고, 이런 것들이 실질적 지표처럼 훤히 보이는 거예요. 어떤 면에서는 저 사람이 저런 일을 하고 있구나 하는 인식을 만들어주는 일이 될 거라 즐겁기도 하지만, 그만큼 눈에 띄게 잘해야 가능한 일이 되겠죠. 욕심도 나요. 아티스트 활동을 벗어나서도 새로운 명예를 얻을 수 있다는 걸 후배들에게

알려주고 싶은 거죠. 그리고 이런 식으로 제 삶을 영위하며 제 가치를 남이 알아주길 바라는 게 아니라, 스스로 도전하길 즐기는 게 진정으로 가치 있는 일이라는 걸 깨닫고 있어요.

30년 뒤 SM이 60주년을 맞이하게 됐다고 가정해보죠. 그때 어떤 삶을 살고 있길 바라나요?

지금 느끼는 이 감정이 70대가 돼도 그대로 이어지면 좋겠어요. 지금 함께 일하는 작가 중 저랑 스무 살 넘게 차이 나는 친구가 있어요. 그래서 사적으로는 대화가 쉽지 않은데(웃음) 막상 작업을 시작하면 거침없거든요. "형, 거기 좀 별로인데요?" 막 이러고.(웃음) 이런 과정이 너무 좋아요. 그래서 나중에 머리가 희끗희끗해져도 어린 작가들과 자유롭게 의견을 나누며 좋은 음악을 만들고 싶어요. 실질적으로 이렇게 레이블 체제에서 공동 작업하는 것도 처음이니 이제 다시 신인인 거죠. 그래서 한 30년은 더 해보자는 꿈을 꾸고 있어요. 그때에도 SM에서 다양한 경험을 이어가고 싶고요. 그러고 싶습니다. 진심으로요.

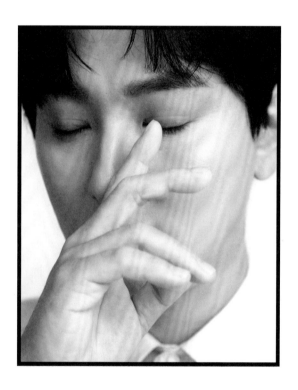

BoA

● 동행

2025년 데뷔 25주년을 맞이합니다. SM도 30주년을 기념하는 해죠. SM과 인생의 동반자나 다름없는 관계를 맺고 있다고 해도 과언이 아닐 것 같습니다.

요즘 들어 좀 더 그런 마음이 드는 것 같아요. 만만치 않은 시간을 함께 지나온 회사의 모든 일원들이 30주년을 맞이하며 앞으로 다가올 30년을 위해 더 발전할 수 있는 무언가를 도모할 수 있지 않을까 하는 생각이요. 어쩌면 서로가 서로에게 다시 한번 증명해야 할 시간일 수도 있을 것 같아요.

그럼 지금 SM이 증명해 주길 바라는 건 무엇일까요?

언제나처럼 아티스트가 먼저인 회사가 되면 좋겠어요. SM은 정말 아티스트 최우선이에요. 사실 다른 것이 우선순위였다면 이렇게 서로 재계약을 몇 번씩 하지는 못했을 거라는 생각이 들어요.

최근 NCT WISH의 프로듀싱을 맡으며 프로듀서로서 공식 석상에 섰습니다. 직접 멤버들의 오디션부터 봤다고 들었는데 직접 무대에 서는 아티스트의 경험과 프로듀서로서 조력하는 건 분명 다른 경험이었을 것 같아요.

제가 상상한 걸 멤버들이 표현하고, 그것이 제 상상과 일치할 때 오는 희열이나 성취감을 느끼는 게 즐거웠어요. 사실 음악부터 안무까지 반복해서 보지 않은 게 없었어요. 예를 들어 미니앨범 <Steady> 작업도 저의 다양한 방향성과 구체적인 고민이 들어가 있어요. 톱라인 수정부터 안무, 뮤직비디오 편집 등 할 일이 진짜 많았죠. 제가 그렇게 일했다는 걸 멤버들이 자세하게 모를 수는 있지만, 이 친구들이 성장하는 모습을 보면 너무 뿌듯해요.

아티스트 보아는 케이팝을 이끌고 있는 SM을 대변하는 상징적인 아티스트입니다. SM과 함께해온 시간이 점점 특별하게 느껴질 때도 있을 거 같아요. SM도 그런 상징성과 회사에 기여한 바를 높게 샀기 때문에 비등기 이사로 선임했다는 생각이 들고요.

음. 그렇지만 저도 증명이라는 걸 해야 해요. 오래 함께 해왔다는 것만으로 가족, 또는 패밀리십 같은 단어들로 서로를 당연하게 규정할 수는 없다고 생각하거든요. 회사와 지금과 같은 좋은 관계를 더 오래 유지하려면 서로 치열하게 증명해야 한다고 생각해요. 대체 가능한 이사는 되고 싶지 않아요.

일본 진출에 성공했고, '아시아의 별'이라는 칭호를 얻었습니다. 첫 도전에 대한 두려움은 없었나요?

회사로서도 본격적인 첫 도전이기에 많은 지원을 해줬어요. 그리고 또 저도 열심히 했죠. 함께 열심히 했기 때문에 나온 결과라고 생각해요. 좋은 인풋도 정말 중요했고, 또 그걸 소화하고 버티는 사람에게서 좋은 아웃풋이 나오는 거잖아요. 회사만 잘한다고 될 수 있는 일이 아니었어요.(웃음) 서로 운이 좋았던 거예요. 저도 SM을 만난 게 운이고, SM도 저를 만난 게 운이고. 이 부분에 대해서는 겸손하고 싶지 않아요. 그래서 처음 이사 됐을 때 말했어요. "솔직히 나 자격 있지!"(웃음)

●● 시작

2000년 <ID: PEACE B>로 데뷔할 당시에도 10대 가수들이 있었지만 13세라는 나이에 데뷔한다는 소식은 상당한 파격이었습니다. 게다가 일본 진출까지 빠르게 도모했고, 끝내 큰 반향을 일으켰습니다. 지금이야 해외에서도 각광받는 케이팝 스타들의 소식을 접하는 게 익숙하지만, 당시로서는 전례가 없는 일이었습니다. 그 어린 나이에 그런 성취를 거둔 것도 대단하지만 지금 와서 생각하면

그만한 일을 감당할 수 있었다는 게 더욱 놀랍기도 합니다.

몰라서 용감했던 것 같아요.(웃음) 잘 몰랐기 때문에 과감하고 용감했다는, 젊은 패기도 아니고 어린 패기였죠. 지금 하는 게 얼마나 대단한 일인지 자각하지 못했기 때문에 가능했어요. 일본어를 못했지만, 마냥 당당했어요. 어차피 일본 태생이 아니니까 모를 수도 있는 거 아닌가? 이렇게 생각했어요.(웃음) 이런 면이 오히려 그들의 웃음 포인트에 잘 맞아떨어졌나 봐요. 하지만 가수로서는 정말 프로페셔널하게 활동하려고 노력했어요. 그 당시에도 누군가를 만족시키기 전에 제 스스로 만족할 수 없는 무대는 서 본 적 없었다고 감히 말할 수 있어요. 결국 저를 만족시키길 바라며 활동했던 것이 지금까지 올 수 있었던 원동력 같아요.

히트곡도 많고 그만큼 아끼는 노래도 많을 거 같은데 가장 애정을 가진 곡 하나를 꼽을 수 있을까요?

이건 너무 쉬워요. 'Only One'이죠. 펼칠 수 있는 꿈을 정말 다 펼친 노래거든요.

'Only One'은 직접 프로듀싱한 자작곡이기도 하고 대중적으로도 큰 사랑을

받았던 곡입니다. 그 덕분인지 그 이후에 나온 앨범 <Kiss My Lips> 앨범은 전 곡을 직접 프로듀싱했죠. 그런데 일찍이 <No.1> 앨범에 수록된 'Realize'가 첫 자작곡이었습니다. 자작곡이나 프로듀싱에 대한 욕심이 일찍부터 있었던 걸까요?

작사, 작곡에 대한 꿈은 계속 있었죠. 'Realize'는 입으로 노래하면서 멜로디를 만들었던 때라 작곡이라 말하기 민망할 수준이었지만요. 그런데 미국 활동을 마치고 한국에 돌아왔을 때 혼자 놀려고 애플 스토어에 가서 로직 프로(Logic Pro)를 샀죠. 그걸로 뚝딱뚝딱 시작해서 <Hurricane Venus> 앨범에 들어간 자작곡 두 곡을 만들었고, 나중에 'Only One'도 쓰게 된 거예요. <Kiss My Lips> 앨범을 전곡 프로듀싱할 때에는 눈만 뜨면 방에서 계속 작곡만 했어요. 그때부터 음악을 적극적으로 하게 된 거 같아요.

●●● 스타

아티스트로서 해낼 수 있는 것을 최대한 해내고, 올라갈 수 있는 데까지 올라가 봤다 해도 될 것 같습니다. 지금 보아 씨의 지향점은 어디에 있을까요?

저는 확실히 계획형 인간인데 장기적인

계획을 세우진 않는 편이에요. 단기적으로는 치밀하게 계획하고 계획이 틀어지면 스트레스 받는 타입이거든요. 그래서 수많은 사람들 앞에서 공연한다는 게 저도 가끔 신기해요. 앞으로 몇 살까지 춤을 추고 노래하고 싶다는 생각은 하지 않는 편이에요. 흘러가는 대로 흘러가다 보면 쉬고 싶을 수도 있고, 하고 싶지 않을 수도 있는 거고, 반대로 계속하고 싶을 수도 있겠죠. 사람 마음은 모르는 거니까. 지금으로서는 확언하고 싶진 않은 게 제 솔직한 마음이에요.(웃음)

20년 넘게 현재형의 아티스트로서 무대에 오른다는 사실 자체만으로도 적지 않은 영향력을 행사할 것 같습니다.

아이돌 가수의 수명을 늘리는 데 어느 정도 일조했다고 생각해요. 제가 데뷔할 때만 해도 아이돌 수명은 5년 혹은 7년이라는 말이 있었거든요. 그래서 '마의 7년'이라고도 하잖아요. 그런데 제가 활동하면서 이렇게 아이돌 가수도 오래 유지할 수 있다는 걸 보여줬고, 지금도 계속해서 음악을 꾸준히 하고 있기 때문에 저를 롤모델로 꼽는 후배들도 있을 수 있었다고 생각해요. 아이돌의 생명력을 늘렸다는 점에는 확실한 자부심을 갖고 있어요.

●●● 도약

**인생의 절반이 넘는 시간 동안 올랐던 그
무대에서 언젠가 내려와야 할 수도 있다는
불안을 느낀 적은 없을지 궁금합니다. 노래도,
퍼포먼스도 마음처럼 되지 않는 시기가
언젠간 올 테니까요.**
미련이 남지 않을 만큼 쏟아부어야 한다는
생각으로, 늘 무대에서 최선을 다해요. 그래서
개인적으로 아쉬움이나 불안감을 잘 느끼지
않는 편이에요. 그러니까 언제나 그 상황에
맞게 열심히 해낼 거예요. 춤을 못 추면
노래하면 되고, 노래가 안 된다면 프로듀싱에
더 집중하면 된다고 생각해요. 그만큼 열심히
살아왔기 때문에 자신 있게 말할 수 있는 거
같아요. 여전히 저는 매일매일 발성 연습을
하고 보컬 레슨을 받아요. 노래 실력을 타고난
편이 아니라는 것을 잘 알기 때문이죠. 노래에
있어서 저는 확실히 노력형이에요.

**일말의 재능이 없다면 아무리 노력해도 별수
없는 일일 겁니다. 노력해서 나아질 수 있다는
걸 안다는 것은 그에 앞서 자신에게 재능이
있다는 걸 먼저 알았다는 의미 아닐까요?**
사람이 아무리 객관적일 수 있다 해도 결국
주관적일 수밖에 없을 거라 생각해요. 그러니
3인칭 시점의 객관적인 눈으로 봐주는 사람이
필요하죠. 그래서 최대한 좋은 조언을 줄 수
있는 사람의 말에 귀를 많이 기울이려 해요.

**25년 가까이 무대에 설 수 있는 건 그 무대를
제대로 해내려는 집념이 있었던 덕분이기도
하겠지만 그런 집념을 기꺼이 응원해주는
팬이 있었던 덕분이기도 할 겁니다. 이런
사실은 누구보다 보아 씨가 가장 잘 알겠죠.**
무대에 서면 신비한 경험을 해요. 제가 가진
에너지만으로는 이런 파워를 낼 수 없어요.
공연이라는 건 아티스트 혼자 만들어 가는
게 아니라 같은 공간에서 같이 호흡해주는
관객이 있기 때문에 완성된다고 생각하거든요.
저는 진짜 저질 체력인데요.(웃음) 그런
제가 2시간 넘게 공연할 때마다 확실히
느끼죠. 내가 기운을 받고 있구나. 그런 희열
속에서 공연하는 거죠. 최근에 공연 끝난 후
들었던 피드백을 듣고 엄청 웃었어요. "'내가
짱이다'라고 하면서 등장하는 공연 오랜만에
봤습니다."(웃음) 정말 팬들과 함께 즐기긴
즐겼구나 해요. 그러면 됐죠.

milestone

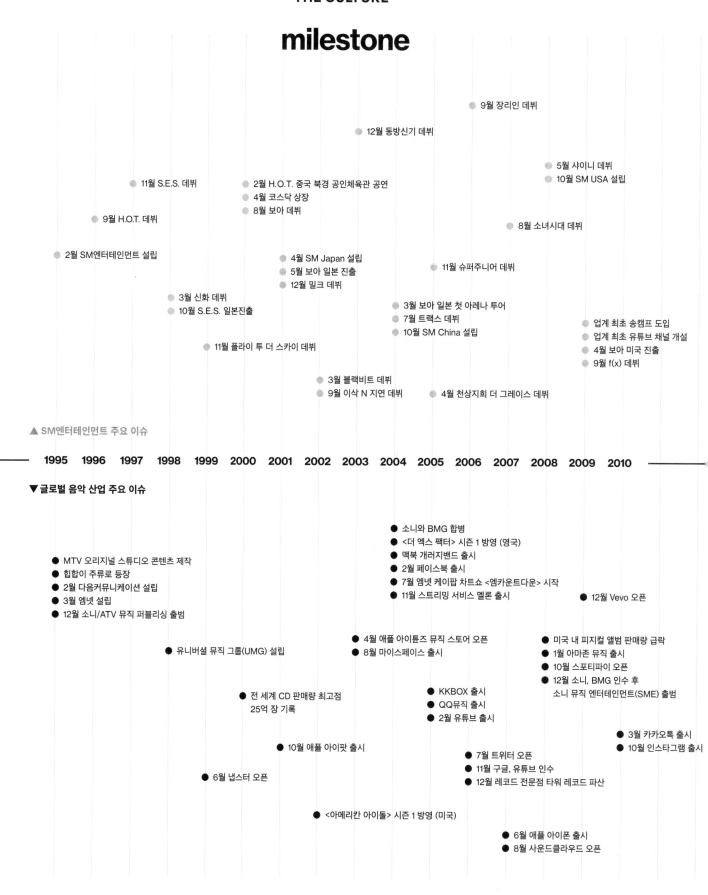

9월 장리인 데뷔

12월 동방신기 데뷔

5월 샤이니 데뷔
10월 SM USA 설립

11월 S.E.S. 데뷔   2월 H.O.T. 중국 북경 공인체육관 공연
4월 코스닥 상장
9월 H.O.T. 데뷔   8월 보아 데뷔

8월 소녀시대 데뷔

2월 SM엔터테인먼트 설립   4월 SM Japan 설립   11월 슈퍼주니어 데뷔
5월 보아 일본 진출
12월 밀크 데뷔

3월 신화 데뷔   3월 보아 일본 첫 아레나 투어   업계 최초 송캠프 도입
10월 S.E.S. 일본진출   7월 트랙스 데뷔   업계 최초 유튜브 채널 개설
10월 SM China 설립   4월 보아 미국 진출
11월 플라이 투 더 스카이 데뷔   9월 f(x) 데뷔

3월 블랙비트 데뷔
9월 이삭 N 지연 데뷔   4월 천상지희 더 그레이스 데뷔

▲ SM엔터테인먼트 주요 이슈

1995 1996 1997 1998 1999 2000 2001 2002 2003 2004 2005 2006 2007 2008 2009 2010

▼ 글로벌 음악 산업 주요 이슈

● 소니와 BMG 합병
● <더 엑스 팩터> 시즌 1 방영 (영국)
● 맥북 개러지밴드 출시
● 2월 페이스북 출시
● MTV 오리지널 스튜디오 콘텐츠 제작   ● 7월 엠넷 케이팝 차트쇼 <엠카운트다운> 시작
● 힙합이 주류로 등장   ● 11월 스트리밍 서비스 멜론 출시   ● 12월 Vevo 오픈
● 2월 다음커뮤니케이션 설립
● 3월 엠넷 설립
● 12월 소니/ATV 뮤직 퍼블리싱 출범

● 4월 애플 아이튠즈 뮤직 스토어 오픈   ● 미국 내 피지컬 앨범 판매량 급락
유니버설 뮤직 그룹(UMG) 설립   ● 8월 마이스페이스 출시   ● 1월 아마존 뮤직 출시
● 10월 스포티파이 오픈
● 12월 소니, BMG 인수 후
● 전 세계 CD 판매량 최고점   ● KKBOX 출시   소니 뮤직 엔터테인먼트(SME) 출범
25억 장 기록   ● QQ뮤직 출시
● 2월 유튜브 출시   ● 3월 카카오톡 출시
● 10월 애플 아이팟 출시   ● 10월 인스타그램 출시
● 7월 트위터 오픈
● 6월 냅스터 오픈   ● 11월 구글, 유튜브 인수
● 12월 레코드 전문점 타워 레코드 파산

● <아메리칸 아이돌> 시즌 1 방영 (미국)

● 6월 애플 아이폰 출시
● 8월 사운드클라우드 오픈

슈퍼주니어 대만 음악 사이트
200주 1위, 최장 기록 달성

동방신기 해외 가수 최초 닛산 스타디움 공연 개최
슈퍼주니어 한국 가수 최초/최대 규모
4개국 남미 투어 진행

2월 SM 3.0 발표
8월 첫 영국 보이 그룹 디어앨리스 론칭
9월 라이즈 데뷔
9월 라이즈 미국 RCA 레코드와
레이블 계약 체결

1월 WayV 데뷔
4월 NCT 127 미국 캐피톨 뮤직
그룹과 계약 체결
10월 SuperM 데뷔
10월 SM, 미국 CAA와 에이전시
계약 체결

2월 소녀시대 미국 진출
4월 엑소 데뷔
6월 영화 <I AM: SM Town Live World Tour in
Madison Square Garden> 개봉

에스파 멜론 서비스 20년 만
역대 최장 1위 신기록
2월 NCT WISH 데뷔
5월 크루셜라이즈 론칭
9월 나이비스 데뷔

세계 최초 온라인 전용 콘서트
'비욘드 라이브' 론칭
7월 SM 클래식스 설립
11월 에스파 데뷔

6월 SM타운 라이브
월드 투어 파리 개최
8월 태국 합작법인 SM True 설립
10월 SM타운 라이브
월드 투어 뉴욕 개최

1월 스크림 레코즈 론칭
4월 NCT 데뷔
7월 NCT 127 데뷔
8월 NCT DREAM 데뷔

동방신기 해외 아티스트
사상 도쿄돔 및 전국 돔
최다 공연 기록
2월 하츠투하츠 데뷔

1월 갓 더 비트 데뷔
6월 에스파 미국 워너 레코드와
글로벌 파트너십 체결

8월 레드벨벳 데뷔

2011 2012 2013 2014 2015 2016 2017 2018 2019 2020 2021 2022 2023 2024 2025

스트리밍 서비스, 다운로드 매출 추월
7월 텐센트뮤직엔터테인먼트
그룹(TME) 설립

1월 WMG, 로블록스 투자
1월 텐센트 주도 컨소시엄, UMG 지분 20%로 확대
9월 UMG 유로넥스트 상장

7월 스포티파이 미국 출시

9월 UMG, EMI 레코드 인수
9월 소니/ATV 뮤직 퍼블리싱,
EMI 뮤직 퍼블리싱 인수
10월 제1회 케이콘 개최
10월 싸이 '강남스타일' 빌보드 핫100 2위

5월 바이트댄스, 틱톡 출시

전 세계 음악 산업에서 스트리밍
매출 비중 89% 차지
11월 챗GPT 출시

6월 스트리밍 서비스 애플 뮤직 출시
11월 유튜브 뮤직 출시

워너 뮤직 그룹(WMG),
나스닥 상장

4월 AI 음악 서비스 Udio 출시

Vevo 서비스 종료
8월 틱톡 글로벌 출시
12월 TME, 뉴욕증권거래소 상장

3월 애플 뮤직 클래식 출시
12월 AI 음악 서비스 Suno 출시

8월 소니 뮤직 그룹 출범

brand story

1995년 가수 겸 방송인으로 활동하던 엔터테이너 이수만이 창립한 SM엔터테인먼트는 케이팝을 대표하는 엔터테인먼트의 선두 주자로 손꼽힌다. 한류라는 용어가 등장하기 전부터 SM은 10대 청소년을 발굴해 트레이닝하는 시스템을 정립하고, 한국을 넘어 동남아시아부터 미주 지역까지 아티스트의 활동 범위를 확장하는 데 집중했다. 음반 산업의 붕괴와 스트리밍 시대의 개막이라는 파란을 거치는 음악 산업 흐름에 컬처 테크놀로지 전략을 내세우며 유닛과 세계관 등 아이돌 산업의 새로운 패러다임으로 대응했고, 오늘날 전 세계적으로 케이팝이 하나의 문화로 자리 잡는 데 지대한 공을 세웠다. 글 차우진(대중음악 평론가) 에디터 한동은 일러스트레이션 신혜경

케이팝: 슈퍼팬에 최적화된 음악 사업 모델

미국의 데이터 회사 루미네이트 Luminate는 '2023 상반기 음악 산업 리포트'에서 슈퍼팬이 미국 음악 시장의 15%를 차지한다고 언급했다. 곧이어 유니버설 뮤직 그룹은 팬 커뮤니티 플랫폼 위버스 Weverse에 투자했다. 워너 뮤직 그룹은 팬 플랫폼 개발 계획을 밝혔다. 소니 뮤직 그룹은 팬덤 서비스를 개발한 스타트업을 인수했다. 2025년 현재, 글로벌 레이블 모두 팬덤에 집중하고 있다. 전 세계 스마트폰 사용자는 55억 명을 돌파했고, 이들은 스마트폰을 자신만의 TV·극장·오디오·게임기로 사용한다. 다시 말해 55억 개의 콘텐츠 채널이 존재하는 시대다. 소비자의 선택을 받으려면 무언가 특별한 것이 필요하고, 그래서 팬덤이 중요해졌다. 소비자는 기능과 가격에 끌리지만, 팬은 스토리와 관계로 움직인다. 이렇게 슈퍼팬은 음악 산업의 가장 중요한 키워드가 되었다.

지난 30년간 케이팝을 정의하려는 노력은 다각도로 진행되었다. 가장 일반적인 정의는 '스타를 만드는 시스템'이다. 하지만 케이팝은 그 무엇보다 '팬을 만드는 데 최적화된 비즈니스 모델'이다. 아티스트의 음악적 재능뿐 아니라 이미지(외모)와 캐릭터(성격)도 중요하다. 오디션은 처음부터 팬을 만들기 위한 시작점이다. 아티스트의 재능 외에 사운드, 퍼포먼스, 패션, 스타일링, 디자인, 브랜딩 같은 크리에이티브도 유기적으로 결합된다. 케이팝의 창의성은 뮤직비디오로 집약되고, 뮤직비디오의 홍보를 위해 참신하고 흥미로운 미디어 전략이 수립된다. 케이팝을 종합 엔터테인먼트로 부르는 이유다.

21세기의 음악 산업은 여러 문제와 함께 시작되었다. 음악의 소비 방식이 달라졌고, 음반은 덜 팔리며, 스트리밍 시대가 열렸으나 그 수익은 거의 제로였고 대안적 수익 모델도 없었다. 다만 팬의 존재감은 전보다 더 커졌다. 유니버설·워너·소니 뮤직 그룹 같은 빅 3가 팬덤에 집중하고 플랫폼을 만들려는 것도 같은 이유다. SM엔터테인먼트는 케이팝이라는 장르조차 명명되기 이전에 창립해 음악 산업의 다층적 변화를 거쳐온 회사다. 이들은 지난 30년간 새로운 세대가 열광할 만한 아티스트를 발굴하고 성장시키며 영향력을 확장하는 데 집중해왔다. 지금 전 세계가 고민하는 방법들을 가장 먼저 시도했고, 증명했으며, 그 노하우를 토대로 시스템을 개발했다.

격동하는 음악 산업의 문제를 해결하면서 진화한 기업

SM은 1995년 2월 14일에 설립되었는데, 이름부터 상징적이었다. 당시 음악 회사는 주로 'OO기획'이나 'OO제작사'였다. 말 그대로 가수의 음반을 제작했다. 하지만 SM은 처음부터 글로벌 시장을 염두에 두고 음반 제작과 매니지먼트 및 음반 배급까지 맡았고, 2000년 이후에는 영화·예능·관광·F&B와 메타버스 사업에도 진출했다. 음악이 기반이지만 음악에만 갇히지 않는, 그야말로 엔터테인먼트 사업 전반을 아우르는 회사였다. SM은 '음악의 새로운 비즈니스 모델을 개척하는 음악 회사'로 정의할 수 있다.

1990년대 한국 경제구조는 2차산업 비중이 감소하고 첨단 제조업과 금융·서비스·문화 산업 같은 3차산업 비중이 높아지고 있었다. 특히 SM이 설립된 1995년은 한국의 경제성장률 9.6%, 1인당 GDP 1만 달러, 전 세계 10위 광고 시장을 기록한 때였다. 그해엔 음악 전문 케이블 채널 엠넷이 개국했고, 홍대 앞 라이브 클럽과 인디 밴드들이 등장했다. 삼성영상사업단이 설립되었고, 영화 전문 매거진 <씨네21>과 <키노>가 창간했으며, 한국예술종합학교도 개교해 영화 업계가 고도화되었다. 패션·만화·전시·애니메이션 등 다양한 문화 상품이 유행하고, 수준 높은 엔터테인먼트 시장도 형성되었다.

이 시기 음악 산업은 사실상 제조업이었다. 주로 카세트테이프·CD·LP 판매로 수익을 얻었고, 방송이나 콘서트는 음반 판매를 위한 홍보 수단이었다. 하지만 1990년대 말 IMF 체제와 2000년대 초반의 초고속 인터넷이 등장하며 한국의 음반 산업은 말 그대로 세계에서 가장 빨리 붕괴되었다. IMF 외환 위기 이후 한국 정부는 21세기의 주력 산업으로 관광, 문화, IT를 지목했다. 2010년대에는 다운로드, 유튜브, 케이블 채널과 IPTV, SNS의 등장으로 미디어 산업이 역동적으로 흔들렸다. 2020년대에는 스트리밍, 팬데믹, 소셜 미디어 고도화가 엔터테인먼트 산업을 근본적으로 바꿨다. SM은 필연적으로 격동하는 음악 산업에 대응해야만 했다. 해답의 키워드는 테크놀로지였다. 이 테크놀로지는 기술이라기보다 가설과 검증이라는 과학적 방법론에 가깝다. SM의 철학이자 전략으로 알려진 '컬처 테크놀로지 culture technology'도 그런 맥락이다. 다시 말해 컬처 테크놀로지는 기업 브랜딩이 아니라, 급변하는 시대에 생존을 위해 고안한 솔루션인 것이다.

경계를 지우는 컬처 테크놀로지를 기반으로 탄생한 아티스트

컬처 테크놀로지는 SM이 아티스트를 글로벌 시장에 성공적으로 안착시키는 핵심 전략이기도 하다. 크게 캐스팅, 트레이닝, 프로듀싱, 마케팅·매니지먼트의 4단계로 해외 작곡가·프로듀서·안무가와 협업해 지역별 특성에 맞춘 로컬라이징 전략 등이 포함된다. 경험과 감으로 이뤄지던 엔터테인먼트 사업을 체계적으로 정리하고, 측정 가능한 지표로 변환했다는 것이 특징이다. 하지만 좀 더 넓은 의미에서 컬처 테크놀로지를 살펴볼 필요가 있다. 지구적 네트워크 환경과 확장된 엔터테인먼트 시장에서 소비자와 콘텐츠는 실시간으로 상호작용하면서 새로운 가치를 만든다. 컬처 테크놀로지는 이 복잡한 맥락을 이해하는 프레임워크로서 중요하다. 네트워크가 고도화되면 영화, 음악, 드라마, 예능 등 명확하게 구분되던 영역의 경계가 흐릿해진다. 심지어 콘텐츠와 제조업, 미디어와 플랫폼의 경계도 사라진다. 지난 30년간 한국뿐 아니라 전 세계의 산업적·문화적 변화를 불러온 요인이 바로 테크놀로지의 발전이었다.

30년간 SM은 아티스트를 통해 이러한 변화에 대응해왔다. 1990년대에는 내수 시장의 붕괴 문제를 종합 엔터테인먼트와 글로벌 진출이라는 방법으로 해결했다. H.O.T.(1996)와 S.E.S.(1997)는 가수의 활동 반경을 패션과 문화 아이콘으로까지 확장했고, 보아(2000)와 동방신기(2003)는 그렇게 축적한 SM의 스타 시스템 노하우를 중국과 일본 시장 진출에 적극 활용한 결과였다.

SM은 1차 한류(2000~2009)의 주역이다. 2003년 <겨울연가>가 일본에서 성공하며 널리 알려진 '한류'란 용어도 사실은 한 중국 신문이 H.O.T.의 2000년 베이징 콘서트를 소개하며 처음 등장했다. 2000년 4월 코스닥 상장, 12월 디지털 콘텐츠 전문 서비스 판당고코리아 설립, 2001년 SM엔터테인먼트 재팬 설립으로 숨 가쁘게 사업을 전개한 SM은 초고속 인터넷과 MP3로 음반 시장이 무너지기 시작한 그 시점에 보아와 동방신기의 일본 진출을 성사시켰을 뿐 아니라 큰 성공까지 거뒀다. 2005년 11월에는 슈퍼주니어가 데뷔했고, 이들은 보다 파격적 행보를 이어갔다. 2006년 5월, 공식 홈페이지에서 싱글 <U>를 무료 다운로드로 선공개하며 음반 판매 차트 1위를 석권했고, 2007년에는 전원이 주연을 맡은 영화 <꽃미남 연쇄 테러사건>도 개봉했다. 이 영화는 SM픽쳐스가 기획한 작품으로, 슈퍼주니어가 만능 엔터테이너 그룹이란 점을 명확히 보여줬다. 2009년 슈퍼주니어의 3집 <SORRY, SORRY>는 동남아시아 시장을 제패했다. 같은 해 동방신기는 도쿄돔 투어를 성사시켰고, 보아는 2008년에 설립된 SM엔터테인먼트 USA와 함께 미국에 진출해 한국 가수 최초로 빌보드 200에 진입했다. 2007년, 2008년, 2009년에 각각 데뷔한 소녀시대, 샤이니, f(x)는 2010년대 주요 아티스트로 성장했다.

2차 한류(2010~2017)의 리더도 SM이었다. 2011년 6월, 파리에서 이틀간 최초로 'SM타운 월드 투어'가 열렸다. 유럽의 젊은 세대가 유튜브와 트위터로 한국의 뮤직비디오를 소비한 덕에 가능했던 일이다. 2012년에는 싸이의 '강남스타일' 뮤직비디오가 유튜브 최초로 20억 조회 수를 기록했고, 이를 계기로 유튜브는 알고리즘을 리셋했다. 그러는 동안 전 세계에 케이팝이란 용어가 널리 퍼져나갔다. 소녀시대는 2012년 한국 가수 최초로 미국 CBS <Late Show with David Letterman>과 ABC <LIVE! with Kelly>, 프랑스의 <Le Grand Journal>에 출연했고, 2013년엔 'Gee' 뮤직비디오가 유튜브 조회 수 1억 뷰를 돌파했다. 같은 해 슈퍼주니어는 상파울루·리마·산티아고·부에노스아이레스·멕시코시티 등 남미 투어를 성사시켰고, 샤이니는 한국 그룹 최초로 빌보드 월드 앨범 연간 차트 Top 10에 진입했다. 2012년에는 엑소, 2014년에는 레드벨벳이 데뷔했다.

2010년대의 디지털 경제는 '주목과 경험 경제'를 주요 어젠다로 만들었다. 이런 맥락에서 아이돌의 세계관은 팬 경험과 사업 확장이란 면에서 중요했다. '생명의 나무'라는 엑소의 세계관은 캐릭터 스토리를 만들었고, 레드벨벳은 '레드'와 '벨벳'으로 나눈 콘셉트로 활동했다. 브랜드 협업과 MD 제작 같은 IP 비즈니스의 범위도 넓어졌다. 2015년 이후 막강해진 소셜 미디어의 영향력도 일조했다. 트위터는 취향 기반 미디어, 페이스북은 뉴스 커뮤니티, 유튜브는 매스미디어를 대체하며 압도적 영향력을 갖게 되었다. 여기에 인공지능과 버추얼 리얼리티 같은 하이 테크놀로지가 엔터테인먼트 산업에 스며들면서 미디어, 플랫폼, 서비스의 경계도 흐릿해지기 시작했다. 2016년 데뷔한 NCT, NCT 127, NCT DREAM은 이런 상황에서 SM의 새로운 문화 기술을 반영한다. NCT는 이름부터 '네오 컬처 테크놀로지'다. 기존의 컬처 테크놀로지에 개방성과 확장성을 추가한 새로운 전략으로 NCT 127은 서울을 기반으로 활동하는 팀, NCT DREAM은 '청소년 연합 팀'으로 시작한 통통 튀는 에너지의 팀, 2019년 데뷔한 WayV는 중국에서 데뷔한 팀이었다. 미디어 환경이 변하면서 팬의 정체성도 소비자에서 콘텐츠를 확대 재생산하는 생산자로 바뀌었다. 케이팝은 전 세계 곳곳의 새로운 세대가 향유하는 새로운 문화 현상이 되었다. 케이팝 팬들은 말 그대로 문화를 만들고 확산시키는 존재들이다. 바야흐로 음악 산업은 '듣는 음악'에서 '보는 음악'으로, '보는 음악'에서 '경험하는 음악'으로 바뀌어갔다.

"열두 살 때 대만의 사촌 언니가 슈퍼주니어의 '쏘리 쏘리 (SORRY, SORRY)'를 들려줬는데, 그때부터 케이팝에 빠져서 음악을 정말 많이 들었어요. 미국에서 음악 비즈니스를 전공하고 워너 뮤직, 스포티파이에서 인턴으로 일한 것도 슈퍼주니어 덕분이에요. 지금은 미국에서 엔터테인먼트 마케팅 석사과정을 밟고 있어요." 대만에서 태어나 중국에서 자란 조이스는 유창한 한국어로 자신을 핑크 블러드라고 소개했다. 유럽과 아시아를 연결하는 케이팝 콘텐츠 회사를 창업하는 것이 꿈이라는 독일의 니콜은 뮌헨의 중학교에서 전교생에게 소녀시대와 샤이니를 전파한 주인공이다. 미국 국적으로 스코틀랜드에서 대학을 다니는 안나는 케이팝에 매료되어 서울대학교에 교환학생으로 왔다. 이들을 비롯해 다양한 국적의 Z세대 핑크 블러드들은 대부분 14-16세 무렵 슈퍼주니어, 소녀시대, 샤이니, NCT를 통해 SM을 알게 됐다고 했다. 이들에게 SM과 케이팝은 같은 뜻이다. 2018년 SM이 팬 커뮤니티 서비스 '리슨 Lysn'을 출시하고 팬 경험에 집중하기 시작한 것도 팬덤의 소비 양상 변화에서 비롯된 결과이자, SM 중심의 글로벌 케이팝 팬덤의 커뮤니티를 확고히 하기 위해서다.

SM 3.0: 다시 음악으로

코로나19는 단기간에 세계적 질병으로 확산되었다. 2020년 3월 11일 세계보건기구(WHO)는 팬데믹을 선언했고, 거의 모든 국가에서 입국 제한과 격리 조치가 시행되었다. 전대미문의 사태로 아티스트의 오프라인 활동이 무기한 중단되자 온라인 활동이 부상했다.

2020년 2월에 SM은 팬들이 아티스트와 직접 채팅하는 팬 전용 메신저 '디어유 버블'을 출시했고, 4월에는 팬데믹 전부터 계획한 온라인 라이브 브랜드 '비욘드 라이브'를 론칭했다. 5월에 열린 슈퍼주니어의 비욘드 라이브는 전 세계 12만3000여 명의 관객을 동원하고 티켓 판매로 40억 원의 매출을 올리며 온라인 라이브의 가능성을 증명했다. 디어유 버블과 비욘드 라이브는 아티스트가 시간적·공간적 제약 없이 팬들과 직접 소통할 수 있는 비대면 팬 플랫폼의 대명사가 되었다.

팬데믹의 한복판인 2020년 11월, 에스파가 데뷔했다. 아바타와 익스피리언스를 표현한 'æ'와 양면이라는 뜻의 'aspect'를 결합한 이름으로, 현실과 가상을 넘나드는 세계관을 지닌 그룹이다. 에스파는 성장이나 자아 같은 아이돌 특유의 테마를 강조하는 대신 게임 매뉴얼처럼 세계관을 안내하는 노래로 활동하며 SM의 미래를 상징하는 그룹이 되었다. 2022년에 설립한 메타버스 콘텐츠 전문 기업 '스튜디오 광야 STUDIO KWANGYA'도 그 미래 중 하나였다. 한편 SM은 새로운 도약을 준비하는 과정에서 변화를 맞이했다. 2022년 12월부터 2023년 3월 말까지 이어진 경영권 분쟁은 회사의 혁신 의지와 기업 구조 개선에 대한 시장의 요구가 맞물린 결과였다. SM의 지분 0.9%를 확보한 얼라인파트너스가 기업 지배 구조 개선을 요구하면서 시작된 갈등은 2023년 2월 3일, SM 공식 유튜브 채널에 'SM 3.0: 프로듀싱 전략 멀티 제작 센터/레이블 시스템'이 업로드되며 정점에 달했다. 창립자인 이수만 전 총괄 프로듀서의 1인 제작 시스템을 멀티 프로덕션으로 전환하고, 자체적 음악 퍼블리싱 사업을 통해 글로벌 진출을 본격화한다는 내용이었다. 이때부터 한 달간 카카오엔터테인먼트와 하이브가 SM의 경영권을 두고 긴박한 경쟁을 벌였고, 2023년 3월 28일 카카오엔터테인먼트가 최종적으로 지분 39.87%를 확보하면서 마무리되었다. 이수만 창립자는 "한 시대가 끝났고, SM은 미래를 향해 나아간다"는 소감을 남기고 회사를 떠났다. 3사의 계약에 따라 '광야클럽' 서비스는 종료되었고, SM의 모든 아티스트는 위버스로 이전했다.

SM 3.0은 SM의 새로운 미래 비전이다. 여기엔 IP, 사업, 글로벌, 투자 등 4개 카테고리의 성장 전략이 담겨 있다. 핵심은 바로 음악이다. 이를 위해 5개 전문 프로덕션을 신설해 각 프로덕션이 소속 아티스트의 음악적 정체성을 더욱 강화하고, 독창적 콘텐츠를 제작하는 시스템을 구축했다. 또 자체 음악 퍼블리싱 조직인 KMR(Kreation Music Rights)을 통해 글로벌 작곡가들과의 협업을 확대하고, SM만의 음악적 가치를 전 세계에 전파하는 데 주력하고 있다. 9월 4일에는 보이 그룹 라이즈를 데뷔시켰다. 11월 16일에는 런던에서 영국의 신인 그룹을 선발하는 TV 오디션 <Made in Korea>를 론칭했고, 2024년 2월에는 NCT의 마지막 팀 NCT WISH가 데뷔했다. 에스파의 세계관에서 가상과 현실을 연결하는 버추얼 아티스트 나이비스도 2024년 9월에 솔로 데뷔를 했다. 나이비스는 3D 디자인, 생성형 인공지능, 인공지능 보이스가 적용되어 음악·게임·영상·웹툰 등 다양한 미디어를 자유롭게 넘나들며 활동한다. KMR은 스매시히트(총괄 프로듀서 강타), 모노트리(총괄 프로듀서 황현), 더허브(총괄 프로듀서 유병현), 커스터메이드 등의 퍼블리싱 조직을 구성하고 글로벌 작곡가 100여 명과 계약하며 사업 기반을 만들었다.

2020년대는 완전히 새로운 한류의 시대다. 영화 <기생충>(2020)의 아카데미 4관왕 수상을 시작으로 <미나리>(2021), <오징어 게임>(2021), <파친코>(2022), <이상한 변호사 우영우>(2022), <피지컬100>(2023), <흑백요리사>(2024) 같은 콘텐츠가 전 세계의 관심을 받았다. 피아니스트 조성진과 임윤찬, 지휘자 윤한결 등 클래식 아티스트와 소설가 한강의 노벨 문학상 수상(2024)으로 한국의 문화 예술계도 큰 주목을 받았다. 2023년 기준으로 전 세계 한류 팬은 2억 명을 넘겼고, 2024년 상반기 한국의 음악·영상 저작권 수익은 9000억 원 이상의 흑자를 기록했다. 콘텐츠뿐 아니라 화장품, 한식, 패션, 관광 등 한국의 거의 모든 것이 전 세계의 관심을 받는 것이 2020년대의 3차 한류다.

이런 상황에서 SM 3.0은 SM의 핵심 가치가 음악에 있음을 분명히 밝힌 선언이자 나침반이었다. 지난 30년간 음악 산업은 완전히 변화했다. SM의 30년은 이런 변화에 맞춰 음악과 아티스트의 가치를 지키고 확장하려는 고민의 결과였다. SM은 음악 업계에서 오랫동안 독특한 행보를 보이는 기업으로 여겨졌다. 그러나 2025년 현재, 전 세계의 음악 산업이 케이팝의 오래된 주제인 팬덤, IP, 플랫폼에 집중하는 것과 달리 SM은 오히려 음악과 아티스트에게 더 많은 지원을 하고 있다. 아마존을 설립한 제프 베이조스 Jeff Bezos는 "세상이 너무 빨리 변할 때는 오래도록 변치 않는 가치에 주목하라"고 말한 바 있다. 모든 산업이 요동치는 지금, SM의 30년 역사와 SM 3.0은 지속 가능한 확장성을 고민하는 누구에게나 필요한 얘기다. 어떻게 핵심 가치를 정의하고, 지키고, 강화할 수 있을까. 지난 30년간 SM은 이 질문을 한 번도 잊지 않았고, 더 끈질기게 파고들었다. SM의 브랜드 가치는 바로 여기에 있다.

최근 10년간 앨범 누적 판매량
1억60만4692장 *기준 2015-2024년 11월

역대 SM 발매 앨범 수
약 1150개

SM에서 데뷔한 아티스트 수
166명, 33팀

역대 SM 발매 음원 수
약 6700곡

역대 공연 횟수
2646회 *기준 2003-2024년 11월

archive

30년간 이어온 SM엔터테인먼트의 활약은 그 자체로 케이팝의 레거시나 다름없다. SM의 아티스트들은 세대를 넘나들며 저마다의
개성 강한 콘셉트로 무장해 세계를 무대로 종횡무진하고 있다. 강타부터 나이비스까지 SM의 역사를 넘어 케이팝의 역사를 확인할 수 있는
아티스트들의 주요 활동 기록과 상징적 수치를 정리했다. 에디터 한동은

강타

H.O.T.의 멤버로 데뷔해 한류의 시작을 알린 레전드로,
보컬은 물론 작사 및 작곡 실력을 겸비한 싱어송라이터다.
현재 SM의 음악 퍼블리싱 자회사 크리에이션뮤직라이츠 내
스매시히트(SMASHHIT) 총괄 프로듀서로서 다양한 음악
활동을 펼치고 있다.

데뷔일: 1996년 9월 7일
대표곡: '빛', '북극성', '그 해 여름'

● 2000년 H.O.T. 한국 아이돌 그룹 최초 중국 베이징
공인 체육관 단독 콘서트
● 2004년 중국 금호장 '최고해외인기가수상'
● 2016년 중국 음악 풍운방 연도성전 '한류우상대상'

KANGTA

보아

만 13세의 나이로 데뷔해 일본, 미국 등 글로벌 진출의 물꼬를 트고
케이팝의 세계화를 이끈 입지적 인물이자 아시아의 별.
현재 후배 아티스트의 프로듀서로도 활동 중이다.

데뷔일: 2000년 8월 25일
대표곡: 'No.1', '아틀란티스 소녀 (Atlantis Princess)',
'Girls On Top', 'Only One'

● 2002년 3월 앨범 <Listen to My Heart> 일본 오리콘 차트
한국 가수 최초 데일리 및 위클리 1위, 100만 장 이상의 판매고 기록
● 2002-2007년 일본 NHK <홍백가합전> 6년 연속 출연
● 2009년 미국 진출 및 미국 1집 앨범 <BoA>
한국 가수 최초 빌보드 200 진입

BoA

동방신기

동방신기(東方神起)는 '동방의 신이 일어나다!'라는 뜻으로,
아시아를 넘어 세계에 이름을 떨치며 케이팝의 새로운 역사를 썼다.

데뷔일: 2003년 12월 26일
대표곡: 'Rising Sun (순수)', '주문-MIROTIC',
'왜 (Keep Your Head Down)'

● 2013년 한국 아티스트 최초 일본 5대 돔 투어 및
해외 아티스트 최초 닛산 스타디움 공연
● 2018년 일본 공연 사상 최초 닛산 스타디움 3일 공연 및
해외 가수 단일 투어 사상 최다 관객 (총 100만명)
● 2025년 해외 아티스트 사상 도쿄돔 및 전국 돔 최다 공연 기록
(도쿄돔 공연 총 33회, 전국 돔 공연 총 92회 기록 달성)

TVXQ!

슈퍼주니어

슈퍼주니어는 그룹은 물론 다양한 형태의 유닛, 솔로 등
활발한 활동을 통해 글로벌 팬들의 사랑을 받고 있다.
전 세계 주요 지역에서 개최한 월드 투어 콘서트 브랜드
'슈퍼쇼(SUPER SHOW)'를 통해 각종 '최초' 기록을 세웠다.

데뷔일: 2005년 11월 6일
대표곡: '쏘리, 쏘리 (SORRY, SORRY)', 'Mr. Simple', 'Devil'

● 2013년 한국 가수 최초/최대 규모 4개국 남미 투어 진행
● 2014년 '슈퍼쇼' 100회 기록 달성
● 2021년 대만 최대의 온라인 음악 사이트 'KKBOX' 한국
앨범 차트 200주 1위, 한국 아티스트 최장 기록 경신

SUPER JUNIOR

소녀시대

SM의 기획력을 총집합한 걸 그룹으로, 전 세대를 아우르는
장르와 콘셉트로 음악·퍼포먼스·패션을 히트시키며
시대의 아이콘다운 활약을 펼치고 있다.

데뷔일: 2007년 8월 5일
대표곡: '다시 만난 세계 (Into The New World)',
'Gee', '소원을 말해봐 (Genie)'

● 2011년 일본 정규 1집 <GIRLS' GENERATION> 당시 해외
아티스트 첫 앨범 사상 최고 판매량 신기록 및 케이팝 걸 그룹 최초 위클리 1위
● 2015년 'Lion Heart'로 100번째 음악 방송 1위
● 2023년 롤링 스톤 선정 '한국 대중음악 역사상
가장 위대한 노래 100곡' 1위 'Gee' 선정

GIRLS' GENERATION

샤이니

음악, 퍼포먼스, 패션 등 다방면에서 동시대 트렌드를 만들어가는
대체 불가 컨템퍼러리 밴드. 뛰어난 실력과 독보적 음악 세계로
전 세계 팬들의 뜨거운 사랑을 받고 있다.

데뷔일: 2008년 5월 25일
대표곡: 'Ring Ding Dong',
'Sherlock · 셜록 (Clue + Note)', 'View'

● 2013년 12월 빌보드 월드 앨범 아티스트 연간 차트
Top 10 10위 등극(한국 그룹 최초)
● 빌보드 '2010년대 가장 훌륭한 케이팝 앨범 25(The 25
Greatest K-Pop Albums of the 2010s: Staff List)'에
정규 6집 합본 <'The Story of Light' Epilogue> 랭크

SHINee

엑소

멤버들이 각기 다른 초능력을 지닌 독보적 세계관을 전개해
'아이돌 세계관의 시초'라고 불릴 정도로 임팩트를 남기며
가요계 12년 만에 다시 밀리언셀러를 기록하고 새 시대를 열었다.
국내를 넘어 해외에서도 케이팝 대표 아티스트로 인정받으며
글로벌한 위상을 지니고 있다.

데뷔일: 2012년 4월 8일
대표곡: '으르렁 (Growl)', 'Monster', 'Love Shot'

● 2013년 정규 1집 음반 판매량 100만 장 돌파,
2001년 이후 가요계 12년 만의 기록
● 2018년 국내 누적 음반 판매량 1000만 장 돌파,
2000년 이후 데뷔 가수 중 최초
● 2023년 정규 7집 통산 일곱 번째 밀리언셀러 등극

EXO

레드벨벳

세련된 음악과 퍼포먼스로 전 세계를 매료시키겠다는 포부로
탄생한 걸 그룹. 메가히트곡을 연이어 발표하며 음악성과
대중성을 모두 잡은 대세 걸 그룹으로 자리 잡았다.

데뷔일: 2014년 8월 1일
대표곡: 'Ice Cream Cake', '빨간 맛 (Red Flavor)',
'Feel My Rhythm'

● '빌보드 비평가들이 선정한 2018년 베스트 송 100(Billboard's
100 Best Songs of 2018: Critics' Picks)'에 정규 2집
리패키지 앨범 타이틀곡 'Bad Boy' 케이팝 걸 그룹 유일 선정
● 미니앨범 <The ReVe Festival 2022 - Birthday>로
첫 밀리언셀러 등극

Red Velvet

NCT

NCT는 'Neo Culture Technology'의 약자로, SM의 문화 기술을 통해 탄생한 신개념 그룹이다. NCT라는 브랜드 아래 NCT 127, NCT DREAM, WayV, NCT WISH, NCT U 등 각 팀이 세계적으로 활약하고 있다. NCT라는 IP를 활용해 다양한 멤버 조합과 다채로운 음악 등을 선보이는 아티스트를 넘어 케이팝 플랫폼으로 자리매김했다.

데뷔일: 2016년 4월 9일
대표곡: 'Baggy Jeans', 'RESONANCE',
'Make A Wish (Brithday Song)', 'Boss'

● 단체 콘서트 'NCT NATION - To The World'
한일 5회 스타디움 투어 개최
● 정규 2집 <Resonance>, 정규 3집 <Universe>, 정규 4집
<Golden Age> 3개 앨범 연속 100만 장 이상 판매고 기록
● 미국 빌보드 이머징 아티스트 차트 케이팝 가수 최초 1위

NCT

NCT 127

NCT의 서울 팀으로 팀명의 숫자 127은 서울의 경도를 의미하며, 케이팝의 본거지인 서울을 기반으로 전 세계 무대에서 활동하는 팀이라는 뜻을 담고 있다. NCT 127만의 독보적 음악 색깔과 압도적 퍼포먼스 실력으로 '글로벌 대표 그룹'으로 우뚝 섰다.

데뷔일: 2016년 7월 7일
대표곡: '삐그덕 (Walk)', '영웅 (英雄; Kick It)',
'Fact Check (불가사의; 不可思議)'

● 발매 앨범 열 장 연속 미국 빌보드 메인 차트 '빌보드 200' 진입
● 2021년 정규 3집 <Sticker> 트리플 밀리언셀러 등극 및 미국
'빌보드 200' 해당 연도 케이팝 앨범 최고 순위 및 최장 차트인 기록
● 정규 2집 <NCT #127 Neo Zone>부터 정규 6집 <WALK> 까지
8개 앨범 연속 100만 장 이상의 판매고 기록

NCT 127

NCT DREAM

'청소년 연합 팀'으로 시작해 명실상부 케이팝 대표 그룹으로 성장했다. 청량한 음악 색깔과 에너제틱한 퍼포먼스, 일곱 멤버들만의 긍정적 에너지로 전 세계 팬들에게 꿈과 희망, 힐링을 불어넣으며 사랑받고 있다.

데뷔일: 2016년 8월 25일
대표곡: 'Hello Future', '맛 (Hot Sauce)', 'Smoothie'

● 2023년 6월 정규 3집 <ISTJ> 역대 SM 아티스트
단일 앨범 최다 판매량 428만 장
● 2023년 국내 케이팝 아이돌 콘서트 동원력 1위, KOPIS 기준
● 2018-2020년 미국 빌보드 '올해의 21세 이하 아티스트 21:
뮤직 넥스트 제너레이션(21 Under 21 2018: Music's Next
Generation)' 아시아 아티스트 최초 3년 연속 선정

NCT DREAM

웨이션브이

중국에서 화려하게 데뷔한 다국적 보이 그룹이다.
트렌디한 음악 색깔과 압도적 퍼포먼스, 멤버들의 뚜렷한 개성으로 글로벌한 관심을 얻고 있다.

데뷔일: 2019년 1월 17일
대표곡: '秘境 (Kick Back)', 'Love Talk', 'FREQUENCY'

● 2019년 첫 번째 미니 앨범 <Take Off> 아이튠즈 Top 앨범 차트
전 세계 30개 지역 1위(중국 보이 그룹 사상 최다 기록)
● 2019년 영어 싱글 <Love Talk> 중국 그룹 사상 최초
스포티파이 1억 스트리밍 돌파

WayV

에스파

리얼 월드와 디지털 세계를 넘어 다중 우주로 새롭게 확장된 세계관을 기반으로 하며, '쇠 맛'으로 정의되는 음악 색깔과 퍼포먼스로 독보적 활동을 보여주고 있다.

데뷔일: 2020년 11월 17일
대표곡 'Next Level', 'Spicy', 'Supernova'

● 2024년 발매 정규 1집 타이틀곡 'Supernova' 멜론 서비스
20년 만에 역대 최장 1위 신기록
● 5개 앨범 연속 100만 장 이상의 판매고 기록,
5연속 밀리언셀러 등극
● 2024년 각종 음악 시상식 대상 석권

aespa

라이즈

'함께 성장(Rise)하고 꿈을 실현(Realize)해 나아가는 팀'으로 독자적 음악 장르 '이모셔널 팝 Emotional Pop'을 선사한다. 음반·음원·공연·화제성 등 모든 지표에서 팀명처럼 끊임없는 성장사를 쓰고 있다.

데뷔일: 2023년 9월 4일
대표곡: 'Get A Guitar', 'Love 119', 'Boom Boom Bass'

● 2023년 첫 싱글 앨범 <Get A Guitar>와
2024년 첫 미니 앨범 <RIIZING>으로 2연속 밀리언셀러
● 2024년 첫 팬콘 투어 <RIIZING DAY> 전 세계 10개 지역 개최
피날레 공연 통한 KSPO DOME 3일 전석 매진 티켓 파워
● 2024년 스포티파이 팔로워 100만 돌파 및 데뷔곡
1억 스트리밍 돌파

RIIZE

NCT WISH

'WISH for Our WISH'라는 캐치프레이즈 아래 음악과 사랑으로 모든 이의 소원과 꿈을 응원하며 함께 이루어가겠다는 포부를 지닌 팀이다.

데뷔일: 2024년 2월 21일
대표곡: 'WISH', 'Songbird', 'Steady'

● 2024년 9월 첫 미니 앨범 <Steady> 판매량 83만 장 돌파
(11월 기준), 2024년 데뷔 아티스트 최고 기록
● 2024년 각종 음악 시상식 신인상 석권
● 'WISH', 'Songbird'로 일본레코드협회
골드 디스크 인증 2연속 획득

NCT WISH

나이비스

SM 첫 버추얼 아티스트로 나이비스는 데뷔와 함께 리얼 월드로 넘어와 아티스트로서 다채로운 활동을 펼치고 있다. 다양한 플랫폼과 미디어에 맞게 유연하게 변화하는 플렉시블 캐릭터로 활동하는 것과 더불어 AI 보이스 기술을 통해 탄생한 목소리, 생성형 AI로 제작한 콘텐츠 등이 특징이다.

데뷔일: 2024년 9월 10일
데뷔곡: 'Done'

nævis

* 나열한 16팀의 아티스트는 현재 SM 소속 여부를 기준으로 정리했습니다.

SUPERJUNIOR
THE 4TH ALBUM

DISTRIBUTED BY S.M ENTERTAINMENT CO., LTD.
ALL RIGHTS RESERVED. MANUFACTURED BY SEOUL MEDIA.
UNAUTHORIZED DUPLICATION IS A VIOLATION OF APPLICABLE LAWS.
REGISTERED TO THE MINISTRY OF CULTURE
AND TOURISM UNDER NO.127 Made in Korea 2010.05
S.M.AUDITION 152-01J2

F(x)

SUPER JUNIOR
=== 8th REPACKAGE ALBUM ===

F(X) NU
KRYSTAL
SULLI A
VICTORI
LUNA

THE

FUTURE

아티스트의 세계관을 다중 우주까지 확장하고, 버추얼 아티스트를 선보이는 등 화려한 기술을 융합한 퍼포먼스에 도전하는 SM엔터테인먼트를 누군가는 미래적이라고 말한다. 하지만 격동하는 음악과 문화 산업 내에서 예상치 못한 전개로 케이팝의 새로운 길을 개척해온 SM은 2023년 발표한 'SM 3.0' 전략을 통해 또 한 번의 반전을 꾀했다. 수없이 뜨고 지는 다양한 플랫폼과 하루가 다르게 발전하는 기술, 그 어느 때보다 변화가 잦은 트렌드의 부침 속에서도 이들은 다시금 본질을 돌아본다. SM이 정의하는 엔터테인먼트의 본질은 당연히 음악이다. 지금 이들은 더 나은 음악, 보다 SM스러운 음악을 만드는 데 집중할 수 있는 기반을 가다듬으며 지속 가능한 미래를 열고자 한다.

multi production

SM 3.0의 핵심 변화는 멀티 프로덕션 체제다. 각 프로덕션의 전문성과 창의성이 만들어내는 시너지는 활발한 음악 활동과 콘텐츠 퀄리티를 통해 증명되고 있다. 새로운 체제로 세 번째 막을 올린 SM엔터테인먼트는 변화가 시작된 지 2년 만에 글로벌 엔터테인먼트 시장에서 위상을 더욱 공고히 다지는 중이다. 에디터 이은경

SM엔터테인먼트의 새로운 도약은 2023년 SM 3.0 시대를 열며 시작됐다. 이수만 전 총괄 프로듀서 중심의 독점 프로듀싱 체제를 5개의 독립적 프로덕션으로 재편성한 새로운 시스템의 도입은 SM의 30년 역사에서 가장 혁신적인 시도다. 원, 프리즘, 레드, 네오, 위저드로 나뉜 멀티 프로덕션 체제의 핵심은 '분화'와 '전문화'다. 각 프로덕션은 프로듀싱과 매니지먼트 책임자로 구성된 2인의 총괄 디렉터가 운영한다. 이들은 프로덕션 소속 아티스트의 활동에만 전념해 제작과 핵심 기능을 독립적으로 수행하며, 프로덕션 사업과 관련한 의사 결정 권한 또한 보장받는다. SM의 독보적 IP 제작 운영은 그대로 유지하면서도 아티스트의 특성과 방향성에 맞춰 독자적으로 새로운 세계관을 구축해나갈 수도 있다. 이를

통해 보다 자유롭게 제작 역량을 확장하고, 각 프로덕션이 쌓아가는 세계관과 성과들이 모여 더 큰 시너지를 내고 있다.

전문적이고 체계적인 콘텐츠를 생산하기 위해 A&R과 비주얼 디렉팅, 프로듀싱까지 프로덕션마다 전담 크리에이티브 팀이 존재한다는 점도 주목할 부분이다. 다양한 음악적 취향을 반영할 수 있는 방식으로 비주얼과 콘텐츠 생산에서도 주체적 매니지먼트를 가능하게 한다. 멀티 프로덕션 체제를 단순한 조직 개편이 아니라, 창의적 자율성을 보장하는 시스템으로 보는 이유다. 각 프로덕션의 새로운 아티스트 발굴을 위한 캐스팅과 트레이닝 등 제작 지원은 효율성과 경제성을 고려해 기존과 동일하게

전 센터 공통으로 진행한다. 독자적 행보가 가능하면서도 유연하게 각 프로덕션을 연결하는 방식은 IP 제작 속도를 가속화하는 동시에 SM의 음악적 스탠더드를 보전하고, 더욱 고도화하기 위한 전략인 것이다. 급변하는 엔터테인먼트 산업의 흐름에서 음악이라는 본질을 지키고, 구성원과 아티스트의 보다 많은 참여를 촉진한다는 점에서 SM 3.0은 지속 가능한 솔루션이라 볼 수 있다.

evolution

SM 프로덕션 시스템의 진화, 멀티 프로덕션

SM 1.0
1995~2010

통합 제작 시스템의 확립

이수만 전 총괄 프로듀서가 주도하는 중앙 집중식 제작 시스템. 체계적 트레이닝 방식을 구축하고, 글로벌 작곡가와의 네트워크 형성, 퍼포먼스 중심의 제작 방식을 확립해 케이팝 문화의 토대가 되었다. 아티스트 트레이닝은 국내 엔터테인먼트 산업의 표준이 된 케이팝의 특징이자 독보적 시스템이다.

H.O.T., 보아, 동방신기, 슈퍼주니어, 소녀시대, 샤이니 등 대형 아티스트 탄생

SM 2.0
2010~2023

세계관 기반 확장

케이팝 문화가 전 세계적으로 확대된 시기. 글로벌 데뷔 시스템과 세계관을 도입해 노래와 퍼포먼스 중심이던 음악 산업을 뛰어넘는 새로운 콘텐츠를 창조한 시기로, SMCU를 통해 팬들에게 다양한 즐길 거리를 제공하는 동시에 IP 비즈니스 모델을 강화했다. 전문 경영인 체제를 도입하고, 이수만 전 총괄 프로듀서가 회사와의 계약을 통해 총괄 프로듀싱을 담당했으며, SM의 자산이라고 할 수 있는 프로듀싱 역량을 갖춘 다수의 인력을 보유한 시점이다.

엑소, 레드벨벳, NCT, NCT 127, NCT DREAM, WayV, 에스파 등 최초의 세계관 도입과 전 세계 도시를 기반으로 한 자유로운 활동의 시작

SM 3.0
2023~

멀티 프로덕션 시대

멀티 제작 시스템을 도입해 5개의 프로덕션 체제로 개편. 각 프로덕션을 독립적이고 자율적으로 운영해 아티스트의 개성과 팀의 역량에 맞춰 크리에이티브를 발휘하며, 사업의 지속 가능성을 확보한다. 버추얼 IP 센터를 신설하고, 나이비스 데뷔를 통해 새로운 IP 수익화 모델을 다각화한다. 맞춤 자원 관리를 통한 사업 성과 중심의 경영으로 팬과 주주 중심의 글로벌 엔터테인먼트 기업으로 도약을 준비하고 있다.

라이즈, NCT WISH, 하츠투하츠 등을 통한 지속 가능한 IP 모델 창출

5 creatives

멀티 프로덕션 체제를 도입한 것은 단순한 조직 개편을 넘어 케이팝 제작 시스템의 패러다임 전환을 의미한다. 각 프로덕션은 2명의 총괄 디렉터와 A&R, 비주얼 디렉터 등이 한 팀을 이뤄 독자적 세계관과 제작 철학을 바탕으로 차별화한 콘텐츠를 만들어간다.

1

ONE PRODUCTION

원 프로덕션

'SM의 역사'로 일컫는 보아와 표현의 스펙트럼이 넓은 걸 그룹의 이정표 소녀시대, 그리고 새로운 트렌드를 만들어가며 콘셉트를 다양한 방식으로 표현하는 에스파에 이르기까지. 소속 아티스트 각각의 음악적 캐릭터에 맞춰 완성도 높은 퍼포먼스와 강력한 보컬 중심의 프로듀싱이 만들어내는 차별화한 음악을 선보인다. 정통 케이팝에 실험적이고 크리에이티브한 연출 감각을 더해 보다 현대적으로 진화한 케이팝 문화를 선도한다.

소속 아티스트
보아, 소녀시대, 에스파

총괄 디렉터
최성우, 조우철

"케이팝의 본질을 지키는 동시에 혁신을 이뤄내며 새로운 시각과 청각은 물론, 통합적 감각의 경험을 선사하는 것이 원 프로덕션의 미션입니다. 전통과 혁신의 균형을 맞춰 글로벌 신에 차세대 케이팝의 미래를 제시하죠."
- 최성우 총괄 디렉터

2

PRISM PRODUCTION

프리즘 프로덕션

혁신적 비주얼 디렉팅을 기반으로 아티스트 고유의 개성을 여러 콘텐츠 속에 녹여내 다양한 컬러를 지닌 프리즘 프로덕션만의 확고한 아이덴티티를 만들어간다. 다채로운 장르의 음악을 융합하는 진보적이고 실험적인 사운드와 퍼포먼스가 조화를 이뤄 글로벌 케이팝 시장의 트렌드를 새롭게 구축한다.

소속 아티스트
샤이니, WayV, 루카스, 레이든, 하츠투하츠

총괄 디렉터
최진, 김욱

"아티스트의 개성을 극대화해 최고의 무대를 만드는 것이 프리즘 프로덕션의 철학이에요. 장르의 경계를 넘나드는 실험적 시도를 통해 우리만의 정체성을 다지고, 끊임없는 도전으로 케이팝의 지평을 넓혀가고자 합니다."
- 최진 총괄 디렉터

3

RED PRODUCTION
레드 프로덕션

SM의 아이코닉한 아티스트인 명불허전 동방신기와 콘셉트 퀸 레드벨벳의 강력한 브랜드 파워를 바탕으로 독보적 보컬 퍼포먼스, 세련된 음악적 완성도가 어우러진 레드 프로덕션만의 음악 세계를 구축한다. 성숙한 아티스트가 보여줄 수 있는 완성도 높은 무대 연출과 콘텐츠 퀄리티를 통해 케이팝의 수준을 높이고 경계를 확장해나간다.

소속 아티스트
동방신기, 레드벨벳

총괄 디렉터
김주영, 권윤정

"아이코닉한 브랜드 파워를 토대로 SM의 레거시를 현대적으로 재해석합니다. 케이팝의 서사를 이어가는 지속 가능한 콘텐츠 제작을 통해 시간이 흘러도 변치 않는 레드 프로덕션만의 가치를 만들어가고 있어요."
- 김주영 총괄 디렉터

4

NEO PRODUCTION
네오 프로덕션

네오 프로덕션은 NCT라는 고유의 브랜드 시스템 안에서 그룹과 유닛으로 따로 또 같이 활동하며 무한한 재능과 개성을 다채롭게 변주한다. NCT라는 거대한 글로벌 그룹 아래 유니크한 음악과 극강의 퍼포먼스를 보여주는 NCT 127, 특유의 감성으로 노래하는 NCT DREAM, 청량한 매력을 뽐내는 NCT WISH까지. 네오라는 장르를 기반으로 이들이 보여주는 트렌디한 음악과 다이내믹한 퍼포먼스는 NCT만의 독창적인 시스템과 어우러져 글로벌한 팬덤 문화를 선도한다.

소속 아티스트
NCT, NCT 127, NCT DREAM,
NCT WISH, NCT U

총괄 디렉터
강병준, 채정희

"NCT는 SM이 보여줄 수 있는 새로운 형태의 아티스트입니다. NCT 시스템과 아티스트들의 재능을 융합해 독창적 퍼포먼스와 음악으로 네오 프로덕션만의 길을 추구합니다."
- 강병준 총괄 디렉터

5

WIZARD PRODUCTION
위저드 프로덕션

SM 레전드의 시작이 된 강타와 20년 차 내공을 바탕으로 다양한 장르를 종횡무진하는 슈퍼주니어, 막강한 브랜드 파워를 지닌 엑소, 톱티어 신인 라이즈에 이르는 다채로운 스케일의 아티스트가 소속돼 전통과 혁신, 레전드와 신예의 만남이 이뤄낸 시너지를 발휘한다. 안정적 프로듀싱 시스템을 기반으로 세대를 아우르는 콘텐츠를 선보여 글로벌 시장에 케이팝의 저력을 각인시킨다.

소속 아티스트
강타, 슈퍼주니어, 엑소, 라이즈

총괄 디렉터
김형국, 이상민

"SM의 레거시가 지닌 힘과 새로운 도전이 조화를 이룰 때 새로운 레전드가 탄생할 거라 믿어요. 전통과 혁신의 밸런스를 통해 세대를 아우르는 콘텐츠를 만들며, 위저드 프로덕션만의 비전을 제시합니다."
- 김형국 총괄 디렉터

SM 3.0 출범 3년 차를 맞이한 현재, SM은 쉴 틈 없이 돌아가는 멀티 프로덕션 시스템을 통해 예상보다 빠르게 음반과 공연 분야, 글로벌 활동에서 성과를 내고 있다. 각 프로덕션이 지닌 독자성은 아티스트들의 정체성을 더욱 뚜렷하게 만들며 팬들의 환호를 받았다. 멀티 프로덕션 체제를 도입한 후 처음 선보인 보이 그룹 라이즈는 2023년 9월 공식 데뷔한 이래 발매한 앨범 2개가 각각 판매 100만 장을 돌파했고, 2024년 1월에 발표한 'Love 119'가 음악 방송 1위와 더불어 음원 차트에서도 좋은 성적을 올리며 새로운 음원 강자로 등극했을 뿐 아니라, 데뷔 1년 만에 첫 팬콘 투어까지 성황리에 마쳤다. 곧이어 2월에는 NCT의 마지막 팀 NCT WISH가 일본 도쿄돔에서 본격 데뷔했다.

NCT WISH는 같은해 발표한 3개의 앨범으로 2024년 데뷔 아티스트 최고 음반 판매량 기록을 세우고, 데뷔 50일 만에 신인상을 수상하는 등 '2024 최고의 신인'다운 파워를 입증했다. 에스파는 같은해 발표한 'Armageddon'과 'Supernova'에 이어 'Whiplash'를 통해 다섯 번 연속 밀리언셀러를 달성했고, 2024년 음원 차트 최장 기간 1위, 각종 연말 시상식에서 대상 수상 및 최다관왕 기록 등으로 2024년을 가장 뜨겁게 달군 아티스트로서 인기와 화제성을 증명해냈다.

achievements

아티스트 라인업 러시, 멀티 프로덕션의 파워

각 프로덕션은 확연히 구분되는 음악적 색채를 선보이는 중이다. 자율성을 강화한 덕분에 과감한 시도가 가능해졌고, 실제 샤이니 키의 'Good & Great'나 레드벨벳의 'Chill Kill' 등은 기존 케이팝의 문법을 넘어서는 실험으로 평가받았다. 버추얼 아티스트 나이비스가 데뷔곡 'Done'을 들고 리얼 월드에서 활동을 시작하는가 하면, 영국 엔터테인먼트 기업 문앤백(M&B)과 합작으로 제작한 보이 그룹 '디어 앨리스'와 신인 걸 그룹 '하츠투하츠'의 2025년 2월 24일 데뷔 등 아티스트 라인업은 지속적으로 확장 중이다.

콘서트 투어 기록도 주목할 만하다. 2023년 한국 데뷔 20주년을 맞이해 정규 9집을 발표한 동방신기는 2024년에 일본 데뷔 20주년 기념 일본 전국 라이브 투어를 개최해 '해외 아티스트 사상 도쿄돔 및 전국 돔 최다 공연 기록'을 자체 경신하는 쾌거를 거뒀다. 같은 레드 프로덕션의

레드벨벳 역시 2024년 데뷔 10주년을 맞이해 아시아 팬 콘서트 투어를 성황리에 마치며 글로벌한 인기를 실감케 했다. 각각 'NEO CITY'와 'THE DREAM SHOW'라는 성공적 월드 투어 브랜드를 보유한 NCT 127과 NCT DREAM은 호평 속에서 스타디움과 돔 투어를 펼치고, 아시아는 물론 미주 지역을 넘어 유럽까지 시리즈를 성공적으로 마치며 티켓 파워를 증명했다.

주요 아티스트별로 연 1회 이상 글로벌향 앨범을 발매하고, 글로벌 콘서트 규모를 확대하는 등 아티스트들의 해외 활동 역시 적극적이고 활발하게 이뤄진다. 중화권을 기반으로 활동하는 WayV는 일본 진출과 동시에 오리콘 주간 차트 2관왕을 기록하며 새로운 글로벌 활동 가능성을 증명했고, NCT 127과 NCT DREAM은 미국 빌보드 200, 영국 오피셜 차트 등 각종 글로벌 차트에 꾸준히 이름을 올리고 있다.

stability of performance

2년 만에 이뤄낸 실적의 안정성

SM 3.0은 본격적인 멀티 프로덕션 시스템을 시작한 이래 음악의 다양성을 확대하는 것은 물론, 아티스트의 특성을 고려한 플랜과 프로모션으로 보다 다각화된 아티스트 활동 지표를 선보여 호평받았다. 이러한 변화는 경영 성과로도 입증되고 있다. 2023년 SM의 음반·음원 발매 수는 64개로, 전년 대비 12% 증가한 수치다. 신규 음반 판매량은 2010만 장으로 사상 최대를 기록해 전년 대비 67% 늘었고, 콘서트 역시 340회를 개최하며 224% 증가했다. 다방면에서 유의미한 성적을 거두고 있는 2024년의 실적 역시 새로운 체제의 성공을 증명하는 동시에 앞으로 펼쳐질 SM의 무한한 확장을 기대하게 한다. 멀티 프로덕션을 통해 과거와는 비교할 수 없을 정도로 쉴 틈 없이 새로운 콘텐츠가 생산되며, 음반이 연중 고르게 발매되도록 일정을 조율해 실적의 안정성과 음반 발매 효과를 극대화하고 있다.

all about music

SM엔터테인먼트 성장의 중심엔 항상 음악이 존재했다. SM 음악에 새로운 시각을 더해줄 해외 작곡가와의 작업을 선점하고, 각양각색 창작자를 초청해 곡을 만드는 창작 캠프인 송캠프를 국내 최초로 개최하는 등 SM이 매번 '최초의 음악적 시도'라는 타이틀을 달 수 있는 건 글로벌 음악 비즈니스에 초점을 둔 A&R 시스템 덕분이다. 줄곧 SM 음악의 중추 역할을 한 최고 A&R 책임자 이성수, 장르적 실험을 통해 국내 음악을 진일보시킨 SM의 대표 작곡가 겸 프로듀서 켄지, 유럽과 국내 음악의 가교 역할을 하는 노르웨이 기반의 프로듀싱 그룹 디자인 뮤직까지, SM 음악이 케이팝의 중심에 설 수 있도록 근간을 만든 이들을 통해 SM 음악의 독자성과 혁신성을 살폈다. 에디터 서재우 포토그래퍼 맹민화 국내 'A&R 업계의 선구자'로서 케이팝 음악의 새로운 작업 방식인 송캠프를 한국에 처음 도입한 SM 최고 A&R 책임자 이성수는
SM 음악 시스템의 강점으로 장인적 기질과 개척자 정신의 융합을 꿈꾼다.

이성수 Chris Lee, SM엔터테인먼트 CAO(Chief A&R Officer)

chris lee

2005년 SM엔터테인먼트에 입사한 후 2009년 A&R 팀장을 역임한 이래 줄곧 SM의 음악 시스템을 진두지휘하고 있습니다. 음악을 기획·제작·관리하는 A&R 분야에 흥미를 느끼게 된 배경이 궁금합니다. 제가 SM과 연을 맺은 건 1998년 국제통상학과로 대학에 입학한 시기와 겹치는데요, 당시 SM에서 아르바이트를 했어요. 아르바이트 일로 SM 사무실을 오가며 처음으로 A&R이란 업무와 직종에 대해 알게 됐죠. 음악 콘셉트에 맞는 작곡가를 연결하고, 그들과 커뮤니케이션하며 여러 데모 demo곡을 받으며, 프로듀서와 아티스트에게 곡에 관한 다양한 의견을 제시하는 모습을 보고 A&R 분야에 큰 매력을 느꼈어요. 제가 좋아하는 대중음악을 프로듀서와 함께 소통하며 기획할 수 있는 직업을 알게 된 이후, A&R 업계에서 진로를 꿈꾸게 된 거예요.

SM은 1998년에도 A&R 부서가 존재했군요?
제 기억이 맞다면 SM 내부에는 단 한 명의 A&R 담당자가 있었어요. 당시 국내 음반 기획사는 1인 프로듀서 중심으로 음악을 기획하고 제작했기에 A&R의 역할이 지금처럼 고도화되지도 않았을뿐더러, 대부분 이 시스템을 별도로 마련하지 않은 걸로 기억해요. 그런 맥락에서 보면 단 한 명의 A&R 담당자가 내부에 있던 것도 꽤 선진적 시스템이었던 거죠.

1998년에 선보인 S.E.S.의 2집 타이틀곡 'Dreams Come True'는 핀란드 작곡가 리스토 아사카이넨의 곡이에요. 당시 해외 작곡가의 곡을 수급할 수 있던 건 SM 내부에 A&R 팀이 존재했기에 가능한 일이었을까요?
글로벌 시장에 진출하기 위해 A&R 시스템을 구축한 창립자 이수만 전 총괄 프로듀서가 노력한 결과라고 말하는 게 정확한 표현일 겁니다. 그분은 SM이 글로벌 음악 신에서 인정받는 기획사가 되길 바랐어요. 일각에선 SM 음악을 시각적 경험을 선사하는 음악으로 평가하는데, 이 또한 글로벌적 사고로 음악을 대했기 때문이죠. 이수만 전 총괄 프로듀서는 포크 록 뮤지션이었어요. 철저하게 듣는 음악을 대중에게 선보인 분이죠. 그런 분이 감각적 스타일링과 퍼포먼스를 갖춘, 오디오 음악을 넘어선 비디오 음악에 열광하게 된 건 음악 활동을 접고 떠난 미국 유학 시절에 본 MTV의 영향이었다고 합니다. 뮤직비디오 속 화려한 퍼포먼스에 몸이 자동으로 반응하는 것을 보고 언어의 장벽을 무너뜨리고, 글로벌 음악 신에 도전하는 해법을 발견한 거죠. SM이 30년 전부터 뮤지션의 매력과 패션 스타일 및 무대 퍼포먼스를 중요시하고, 스토리텔링을 강조한 뮤직비디오에 심혈을 기울이기 시작한 이유입니다.

그룹에 외국인 멤버를 포함하는 것도 같은 맥락이겠죠?
맞습니다. 그 또한 글로벌 시장을 고려한 SM의 전략이죠. 질문처럼 미국과 일본, 중국 등 글로벌 인재들이 아티스트로 선발되어 해외 현지 팬을 공략했어요. 물론 가장 중요한 건 멜로디, 즉 음악의 퀄리티죠. 아무리 매력적인 아이돌 그룹을 만들어도 멜로디가 받쳐주지 않으면 뮤지션으로 성공할 수 없으니까요. SM은 글로벌 시장에서 경쟁력을 갖춘 작곡가나 프로듀서와의 작업이 중요하다는 걸 빠르게 인지했고, SM의 A&R은 해외 작곡가를 발굴하는 시도를 멈추지 않았어요.

이쯤에서 A&R이 어떤 직종인지 짚어볼 필요가 있을 것 같습니다.
A&R은 아티스트의 앨범 최초 기획 단계부터 앨범 마스터의 제작에 이르기까지 전반적 음악의 기획·제작에 관여합니다. 앨범 콘셉트에 걸맞은 곡을 써줄 작곡가를 발굴하기도 하고, 전 세계에서 훌륭한 데모곡을 수급하기도 하죠. 작곡가와 프로듀서가 작업한 곡에 대한 자신의 의견도 낼 수 있어야 하는데, 이를 위해선 음악의 좋고 나쁨을 판단하는 능력이 반드시 필요합니다. 무엇보다 자신이 관리하는 뮤지션의 성향을 완벽하게 이해하고 있어야 해요.

해외 작곡가를 발굴하는 일도 A&R의 업무 중 하나일까요?
해외 작곡가의 경우 대부분 본인의 음악 출판을 위해, 뮤직 퍼블리싱 회사와 퍼블리싱 계약을 맺고 있어요. 뮤직 퍼블리싱 회사란 음반 업계의 출판사 같은 곳으로, 퍼블리싱 계약을 맺은 작곡가의 저작권을 관리하고, 활동을 지원하는 역할을 해요. 퍼블리싱 회사 내에도 A&R이 존재하는데요, 이들이 전 세계의 유능한 작곡가를 발굴하고, 그들이 작업한 데모곡을 음반 기획사 A&R에 소개하는 징검다리 역할을 합니다. 기획사 A&R은 직접 작곡가나 프로듀서를 찾아내기도 하고, 퍼블리싱 회사 A&R과 소통하며 자신의 회사와 뮤지션에게 맞는 데모곡을 수급하거나 함께 작업할 작곡가와 프로듀서를 찾기도 하죠.

SM에 입사할 당시인 2000년대 초반 국내 음악 시장은 어땠나요?

좋지 않았어요. 이는 비단 국내 음악 시장만의 위기가 아니었죠. 1999년 무료로 음악을 공유하는 P2P 서비스의 등장으로 전 세계 음반 시장이 큰 타격을 받았거든요. 글로벌적으로 보면 '냅스터 Napster'가 있었고, 국내에는 '소리바다'가 존재했죠. P2P 사이트에서의 디지털 음악 파일의 불법적 무료 공유 행위로 당시 100만 장 이상 팔리던 음반이 10만 장도 안 팔리는 상황에 부딪히다 보니 음반 기획사는 자신들만의 생존 전략을 찾아야 했어요. SM은 사업의 다각화를 꾀했습니다. 2000년 국내 엔터테인먼트 기업으로는 최초로 코스닥 시장에 상장한 이후 음반 기획 및 제작·유통은 물론 연예 매니지먼트나 아카데미 사업 등을 모색했고, 일본·중국·미국 등지에 현지 자회사 설립 및 파트너십 강화 등을 통해 해외시장 진출의 기반을 마련했죠. 해외 퍼블리싱 회사와도 줄곧 좋은 관계를 구축한 덕분에 보아의 'No.1'(2002), 슈퍼주니어의 'Twins (Knock Out)'(2005), 샤이니의 '누난 너무 예뻐 (Replay)'(2008) 같은 곡을 해외 작곡가에게 받아 선보일 수 있었고요.

유튜브가 음악의 한류를 이끄는 견인차 구실을 했다고 이야기했습니다.

한국 음악이 해외에 널리 알려지기 시작한 시점을 대략 2008년으로 봅니다. 동영상 공유 플랫폼 유튜브가 국내 서비스를 시작한 이후 다양한 영상이 폭발적으로 업로드되기 시작한 시대였죠. SM도 유튜브 채널을 개설해 뮤직비디오를 업로드했는데, 놀랍게도 전 세계의 다양한 국가에서 반응이 오기 시작했어요. 자생적으로 SM 아티스트와 음악에 열광하는 해외 팬들이 생겨나기 시작한 거죠. 특히 뮤직비디오 영상 조회 수가 기하급수적으로 올라갔는데, 이는 저희와 작업한 해외 작곡가나 프로듀서에게도 반향을 일으켰습니다. 자신들이 만든 음악이 아시아 전역, 더 나아가 유럽과 미국 등지에서도 큰 호응을 받자 다들 깜짝 놀라는 눈치였죠. 그들이 저희 아티스트나 A&R 시스템에 신뢰를 보이기 시작한 것도 유튜브, 아이튠즈 뮤직 스토어, 향후 스포티파이 등 글로벌 음악·영상 플랫폼을 통해 한국 음악의 영향력이 비약적으로 커졌기 때문입니다.

해외 작곡가나 프로듀서가 한국 음악에 관심을 가지니 아예 그들을 국내로 초청해 송캠프를 개최한 거군요?

2009년 즈음부터 SM의 A&R 팀은 유럽과 미국 등지에서 열리는 송캠프에 직접 참여하기 시작했어요. 송캠프는 해외 음반 기획사나 퍼블리싱 회사가 자신들의 필요에 따라 송라이터와 프로듀서 등 음악을 만드는 창작자를 특정 도시로 초청해 서로의 노하우를 주고받으며 새로운 곡을 만드는 작곡 캠프예요. 당시 여러 캠프를 경험하면서 현지 창작가들 그리고 해외 퍼블리셔들과 관계를 쌓거나, 그들의 작업 노하우를 배울 수 있었습니다. 단순히 해외 작곡가나 프로듀서의 데모곡을 수급하는 것이 아니라, 송캠프를 통해 그들이 음악을 만드는 현장에 들어가 현지 작곡가들과 함께 SM이 원하는 형태의 음악에 대해 설명하고 논의하며 그들의 음악과 한국의 음악을 결합하는 여러 시도를 토대로 새로운 사운드를 갖춘 데모를 직접 제작했어요. 한국 음악의 영향력이 커진 시점인 만큼 이러한 방식이 글로벌 음악 시장에서 승부를 보아야 할 케이팝이라는 새로운 음악의 장르를 개척해나가는 데 적합한 시도라는 A&R적인 판단을 한 거예요.

SM이 송캠프를 국내에서 처음 개최한 것은 2012년인가요?
네. 당시 SM의 A&R 팀에서는 다년간 경험한 해외 송캠프와 당시에 쌓은 인맥을 바탕으로 국내에서 송캠프를 개최해도 괜찮겠다는 결정을 내렸습니다. 저희와 좋은 관계를 유지하고 있던 퍼블리싱 회사인 유니버설 뮤직 퍼블리싱 스칸디나비아, 스웨덴과 노르웨이 기반의 프로듀싱 그룹 디자인 뮤직 Dsign Music과 연계해 2012년 '서울 콜링 Seoul Calling'이란 이름으로 개최한 것이 SM 송캠프의 시작이에요. 디자인 뮤직은 2009년 소녀시대의 '소원을 말해봐 (Genie)'를 작곡한 음악 프로듀싱 팀이에요. 처음 그들에게 소녀시대의 곡을 의뢰했을 땐 한국 음악이나 소녀시대도 몰랐지만, 자신들이 만든 곡이 아시아 전역에서 상위 차트를 휩쓸고 난 뒤로는 SM과 지속적으로 작업하는 대표 작곡 팀이 되었죠. 그들은 매번 저희 송캠프의 호스트로 참여해 언제나 좋은 음악적 영감과 작업물을 선사해왔고, 이제는 SM의 퍼블리싱 자회사인 KMR과 퍼블리싱 계약을 맺으며 SM의 가족이 되었죠.

송캠프는 좋은 음악을 만드는 과정이자 학습의 장이며, 해외 창작진에게 한국과 케이팝을 경험하게 하면서 네트워크를 다지는 자리입니다. 송캠프를 개최하는 데 가장 중요한 점은 무엇인가요?
두세 명의 창작자가 한 팀을 구성하고 각 팀은 배정된 스튜디오로 들어가 새로운 음악을 만듭니다. 가령 에스파나 라이즈 등의 아이돌 그룹명이 적힌 스튜디오가 여러 개 있다고 가정하면, 주최 측은 각각의 아이돌 그룹 음악을 잘 소화할 수 있는 창작자를 조합해 작곡 팀을 구성해요. 이때 성향이 비슷한 작곡가나 프로듀서를 연결할 수도 있고, 조금은 다른 스타일 혹은 다른 장르에 특화된 작가들의 신선한 조합을 찾아내 예측 불가능한 새로운 음악을 도출할 수도 있습니다. 캠프의 주최 측인 A&R이 아티스트와 작곡가를 얼마나 잘 이해하고 있는지에 따라 음악의 방향성이 정해진다고 해도 과언이 아니죠. 예를 들어 저는 재즈 음악에 강한 작곡가와 알앤비 음악에 강한 프로듀서를 한 팀으로 조합하거나, 댄스 음악에 강한 프로듀서와 클래식 음악에 강한 작곡가를 한 팀으로 조합해 새로운 장르의 음악을 만들어내는 등의 시도야말로 송캠프와 A&R 시스템의 진수라고 생각해요.

이번엔 SM의 새로운 비전에 대해 말해보죠. 2023년 새로운 경영 전략인 'SM 3.0'을 출범했습니다. 음악적으로 보면 멀티 프로덕션 체제로의 전환이 눈에 띄는 변화입니다.
SM 설립 이후 SM은 이수만 전 총괄 프로듀서 중심의 1인 총괄 프로듀싱 체제였어요. 28년간 SM, 더 나아가 케이팝 문화를 만들고 다져온 분이며, 저를 포함해 수많은 제자들에게 문화 기술을 전달해온 분이기에 저는 늘 그분을 '장인'이라고 생각합니다. 케이팝이 점차 글로벌 산업화되어가며, 양적·질적으로 확장되고 고도화됨에 따라 1인 총괄 프로듀싱 체제는 자연스레 멀티 프로듀싱으로 변화가 필요한 시점이 오게 되었습니다. 불가피한 사정으로 장인이 더 이상 저희와 프로듀싱 업무를 하지 못하게 된 것이 회사 설립 후 28년 만에 찾아온 일이었습니다. SM은 28년간 한 명의 장인 밑에서 무수히 많은 장인 정신을 가진 양질의 제작 인원이 성장해왔고, 그들로 구성된 회사입니다. 저는 그들이 '문화의 선두 주자로서 미래를 개척하고, 전 세계적으로 혁신적 엔터테인먼트 비전을 실현해나가겠다(THE CULTURE, THE FUTURE)'는 목표 아래 서로 협력해 기존 제작 시스템에 새로운 방식을 가져온다면 과거에는 하지 못했던 다양한 영역에서 더 많은 훌륭한 일을 해낼 거라는 확신을 갖고 있어요. 멀티 프로덕션과 산하 레이블 시스템을 통해 다수의 주요 아티스트들이 글로벌에서 동시다발적으로 보다 활발하게 활동할 수 있는 체계를 구축하고, 100% 퍼블리싱 자회사인 KMR을 통해 SM과 산하 레이블뿐 아니라 케이팝 산업 그리고 아시아의 수많은 레이블에 양질의 음악을 제공하며 지속 성장 가능한 음악 산업을 만들어나가는 것이 SM 3.0의 비전입니다.

라이즈, NCT WISH, 버추얼 아티스트 나이비스, 영국 보이 그룹 디어 앨리스 등이 SM 3.0 시스템을 통해 선보인 아티스트입니다. 이들을 통해 SM 3.0의 비전을 확인할 수 있을까요?
앞서 말한 것처럼 그 비전은 다양성입니다. 언급은 안 했지만, 클래식&재즈 레이블 SM 클래식스를 통해 데뷔한 요한킴과 컨템퍼러리 알앤비 레이블 크루셜라이즈 KRUCIALIZE의 첫 아티스트 민지운도 있고, TV조선과 함께 선보이는 트롯 아이돌 육성 프로그램을 통해 데뷔하게 될 마이트로 MYTRO도 있죠. SM 3.0은 당장의 성공 공식에 특화된 아티스트만 선보이는 것이 아니라, 장기적 관점에서 전 세대를 아우를 수 있는 다양한 장르의 음악을 다각도로 시도하고 있다고 생각해요.

전 세계 창작진과 네트워킹을 구축한 음악 퍼블리싱 자회사 KMR 설립은 해외 작곡가를 미리 선점해 보다 적극적으로 글로벌 음악 시장의 문을 두드리려는 SM의 의지처럼 보입니다.
클래식부터 팝 음악에 이르기까지, 전 세계 다양한 장르의 작곡가나 프로듀서를 통해 만들어지는 새로운 음악에 대한 원천적이고 직접적인 접근이야말로 앞으로도 계속 좋은 음악을 만들수 있다고 생각하는 SM의 음악 제작에 대한 철학이라고 보아도 무방할 것 같습니다. KMR은 SM의 자회사지만, 동시에 퍼블리싱 회사로서 케이팝 더 나아가 글로벌의 모든 음반 레이블을 주요 고객으로 두고 있습니다. 다시 말해, KMR은 SM만을 위해 설립한 퍼블리싱 회사가 아닌 거죠. 전 세계 음반 레이블이라면 언제

든 KMR에 소속된 작곡가들과 작업할 수 있습니다. 이는 특정 음악 스타일에 작곡가를 맞추며 잠식시키기보다는 다양한 장르에서 시대 흐름을 이끄는 작곡가를 지속적으로 발굴하고, 그들과 레이블 사이 교류를 통해 대중들이 원하는 '새로운' 음악을 지속적으로 선보이기 위한 SM의 묘책입니다. KMR을 통해 훌륭한 다국적 작곡가를 보유할 뿐 아니라, 추가적으로 수많은 음반 레이블과 다양한 음악을 기반으로 한 사업 기회에 대한 교류가 늘어날 것으로 기대하고 있습니다.

예기치 않은 멜로디의 변화, 겹겹이 쌓아 만든 악기 사운드 등 음악을 통해 다층적 경험을 제공하는 작곡가 켄지는 SM 송캠프에서 다양한 음악적 시각과 제작 기법을 두루 배울 수 있었다며, 작곡가로서 한층 성장하는 모멘텀을 경험했다고 반추한다.

© SM Entertainment

켄지 KENZIE, 작곡가 겸 프로듀서

kenzie

지금까지 SM 작곡가이자 프로듀서로서 'SM 음악 스타일'을 확립하는 데 혁혁한 공을 세웠습니다. SM 30주년에 대한 감회가 남다를 것 같습니다.

SM에서 작곡가로 데뷔한 이후 오랜 시간 SM과 소중한 관계를 맺으며 작곡가 겸 프로듀서로 활동하면서 SM의 독창적 음악 스타일을 만드는 데 일조해온 것은 정말 뜻깊은 경험이었습니다. SM이 30주년을 맞이한다는 소식은 저에게도 큰 감동이며, 그 시간 동안 함께한 수많은 곡과 아티스트, 그리고 제작 팀원들과의 협업 등 모든 과정이 단순한 작업이 아니라 SM만의 독보적 음악 색채와 문화를 만드는 중요한 여정이었다는 사실을 실감하고 있어요.

버클리 음대에서 Music Production and Engineering(MP&E)을 공부했습니다. 대학에서 공부한 학문이 작곡 방법에 많은 영향을 끼쳤을 것 같은데, 실제로는 어땠나요?

버클리 음대에서 MP&E를 공부한 것은 제 작곡 방법에 의미 있는 영향을 미쳤습니다. 그곳에서의 학문적 경험은 단순히 프로듀싱 기술과 이론뿐 아니라, 사운드의 미세한 디테일과 전체 프로덕션의 흐름을 이해하는 데 큰 도움이 됐습니다. 특히 음악을 다양한 각도에서 분석하고 제작하는 저의 본능적 접근 방식을 더욱 강화하고, 입체적 결과물을 만들 수 있었죠. 이는 제가 SM에서 다양한 스타일의 곡을 작업하는 데 큰 도움이 되었고, SM의 음악 스타일을 확립하는 프로세스에 기여하는 데 중요한 기반이 됐습니다.

SM은 작곡가가 새로운 시도를 하도록 믿음을 주는 회사라는 생각도 듭니다.

저 역시 작곡가로 활동하면서 그러한 신뢰를 강하게 느꼈습니다. SM은 창의적이고 독창적인 음악을 추구하며, 작곡가가 자신의 음악적 아이디어를 자유롭게 표현할 수 있도록 독려했습니다. 그 덕분에 저도 다양한 스타일의 음악에 두려움 없이 도전할 수 있었고, SM의 음악적 다양성을 넓히는 데 기여할 수 있었죠. 이러한 지원과 신뢰가 없었다면 지금과 같은 창작의 폭과 깊이를 경험하기 어려웠을 거라고 봅니다.

복잡한 화성, 오케스트레이션, 은유적 가사, 전자 사운드와 밴드 사운드…. SM의 음악적 특징을 두루 살펴보면 늘 프로듀서 켄지가 작곡한 음악으로 귀결됩니다. 켄지의 음악은 어쩌면 '듣는 것 이상의 무대 경험'을 주기 위한 노력의 결과물처럼 보여요. 특정한 주제를 담은 이야기를 위해 만든 OST에 가까운 음악을 추구한다고 봐도 될까요?

흥미로운 시각입니다. 제 음악이 듣는 것 이상의 무대 경험을 주기 위해 노력한 결과물처럼 보인다면 매우 기쁘고 감사한 일입니다. 저는 음악을 단순히 청각적 경험을 넘어 청중이 그 음악을 들을 때 자신의 이야기처럼 느낄 수 있는 '공감'을 전달하려고 합니다. 그래서 다채로운 사운드 요소와 공감할 수 있는 주제의 가사를 통해 곡이 하나의 이야기와 서사를 전달할 수 있도록 하는 데 중점을 두죠. 지난번 <롤링 스톤 Rolling Stone>과 진행한 인터뷰에서 "저의 음악에서 리스너들이 다양한 감정을 느끼고, 각자 삶의 사운드트랙으로 들어주신다면 가장 행복한 일일 것 같다"라는 얘기를 했는데요, 제 곡을 들으면서 삶의 어떤 순간이 지극히 개인적으로 전달되기를 감히 바랍니다. 이를 위해 특정 주제만 고수하기보다는 음악 자체가 공감대를 형성하고, 듣는 이가 자신만의 해석과 감정을 찾을 수 있도록 다층적 접근을 시도하려고 합니다.

경험자의 보이스로 SM의 송캠프 시스템에 관한 얘기가 듣고 싶습니다. 송캠프는 SM 작곡가에게 어떤 기회를 제공하나요?

SM의 송캠프 시스템은 저를 비롯한 많은 작곡가에게 정말 특별한 기회를 제공했습니다. 송캠프는 단순히 곡을 만드는 자리가 아니라, 전 세계의 다양한 작곡가·프로듀서·아티스트들이 한자리에 모여 음악적 아이디어를 교환하고 새로운 창작 시너지를 만드는 공간입니다. 저를 포함한 참여 창작가들은 송캠프에서 글로벌한 음악 트렌드와 다양한 스타일의 협업을 통해 각자 음악적 스펙트럼을 넓히고, 그 과정에서 창의적 영감을 받은 곡을 만들고자 했습니다. 특히 문화와 장르의 경계를 넘나드는 음악적 아이디어를 통해 어떻게 하면 좀 더 보편적이면서도 독창적인 음악을 만들 수 있는지에 대한 감각을 키울 수 있었어요. 이러한 경험은 단순히 음악을 만드는 기술적 부분을 넘어 글로벌 음악 시장에서 경쟁력 있는 곡을 만들어내기 위한 통찰력과 자신감을 심어주었죠. 송캠프는 SM 작곡가들이 국제적 작곡가들과 교류하며 더욱 성장할 수 있는 소중한 기회였다고 생각합니다.

SM 음악의 분기점으로 송캠프 시스템을 자주 언급합니다. 대중음악 평론가들도 송캠프 시스템을 통해 결과물이 나오던 2012년을 "SM 음악이 한 단계 올라서는 시기"라고 평가했죠. 이는 아티스트에게만 국한된 표현은 아닐 겁니다. 당시 작곡가로서 송캠프를 통해 어떤 새로운 경험을 했나요?

음악의 다양한 시도에 대해 열려 있고, 개척자로서 자신감과 책임감을 갖고 있는 SM이기에 가능한 시도였다고 생각합니다. 당시 SM이 처음 시도한 송캠프 시스템은 단순히 아티스트와 음악 스타일에 변화를 준 것뿐 아니라, 저를 비롯한 많은 작곡가에게도 큰 영향을 주었습니다. 여러 나라의 작곡가가 랜덤 혹은 최상의 조합으로 만나 서로의 스타일과 경험을 나누며 협력하는 자리였고, 그 과정에서 자연스럽게 다양한 음악적 시각과 제작 기법을 공유할 수 있었습니다. SM 송캠프는 특히 트렌디한 해외 음악 요소와 케이팝의 독창성을 조화롭게 융합할 수 있는 방법을 고민하게 했습니다. 이 경험과 고민들은 작곡가로서 저의 음악적 깊이를 더하고, SM의 음악적 다양성과 실험 정신을 강화하는 데 일조하며, 케이팝의 글로벌 경쟁력을 높이는 데 기여할 수 있는 중요한 자산이 되었어요.

송캠프에서 켄지 프로듀서의 역할이 궁금합니다. 다양한 국가의 작곡진이 모여 작업하는 송캠프인 만큼 SM 음악을 누구보다 정확히 이해하고 케이팝을 잘 아는 켄지 프로듀서의 역할이 중요할 것 같은데, 어떤 부분을 가장 많이 신경 쓰고 고민하나요?

송캠프에서 제 역할은 주로 SM의 음악적 방향성과 케이팝의 본질을 잘 전달하는 데 있습니다. 다양한 국가에서 온 작곡가들과 함께 작업할 때 그들이 케이팝의 독특한 매력을 이해하고, 이를 자연스럽게 곡에 녹여낼 수 있도록 돕는 것이 중요합니다. 그래서 작업할 때 가장 많이 신경 쓰는 부분은 케이팝의 다채로운 요소를 유지하면서도 글로벌 청중에게도 어필할 수 있는 균형을 찾는 것입니다. 예를 들어, 복잡한 화성 진행이나 독창적 편곡은 SM만의 색깔을 잘 나타내는 동시에 트렌디하고 글로벌한 사운드가 자연스럽게 융합되어야 합니다. 작업 과정에서 저는 각 곡이 전달하고자 하는 이야기를 더욱 극대화할 수 있는 방법과 청중의 귀를 사로잡을 디테일한 요소를 고민하며, 작곡가에게 케이팝이 단순한 음악 장르를 넘어 하나의 완성된 경험임을 이해시키기 위해 노력합니다. 이를 통해 송캠프가 단순한 협업의 장을 넘어 서로의 음악적 시각을 넓히고 발전시키는 자리가 될 수 있다고 믿습니다.

음악을 감상하는 이들이 음악을 중심으로 다양한 콘텐츠를 경험하게 됐습니다. 현재 음악 신의 중심에 있는 작곡가로서 분명 다음 세대가 즐기는 음악을 고려할 텐데요, 어떤 음악이 새로운 주류 장르로 등

장할 거라고 보나요?

문화는 역사 속에서 끊임없이 반복되며 익숙함과 새로움을 동반한 모습으로 태어나고 사라지는 패턴을 띕니다. 음악도 마찬가지로 시간의 흐름에 따라 조금씩 변화하는 '트렌드'라는 이름으로 우리에게 소비되지만, 결국 시대를 초월해 사랑받는 음악은 좋은 멜로디와 가사를 지닌 진정성 있는 곡이라고 생각해요. 또한 이런 스탠더드한 장르적 음악과 더불어 음악으로서 경험을 넘어선 새로운 감각으로 소비하는 기술적 접근에서의 음악을 얘기하고 싶습니다. 현재 음악 신은 기술 발전과 함께 다양한 콘텐츠와 상호작용을 보여주고 있습니다. 앞으로의 음악은 단순히 듣는 것에서 벗어나, 시각적·감각적 요소가 결합된 다차원적 경험으로 발전할 거라고 생각합니다.

작곡가 겸 프로듀서로서 그런 시대를 맞는 자세도 궁금합니다.

그러한 변화는 저의 <Re: Works> 작업과도 연결됩니다. 스크림 레코즈와 협업한 이 프로젝트는 기존 곡들을 새로운 방식으로 재구성하고, 그 안에 숨은 음악적 디테일을 더 강조하려는 시도였습니다. 또한 음악과 시각적 요소를 융합해 청중이 보다 몰입감 있는 경험을 하는 데 초점을 맞췄습니다. 음악이 듣는 경험을 넘어 보는 경험까지 확장되는 것이죠. 여기서 한 걸음 더 나아가 최근 KENZIE × Amberin 컬래버레이션으로 제작한 <NEO PARASPECTRUM> 전시도 이런 생각을 뒷받침합니다. 이 전시는 음악과 시각적 요소, 그리고 공간의 결합을 통해 새로운 형태의 음악적 경험을 창조하려는 시도였습니다. 다양한 미디어와 기술을 통해 청중이 음악을 단순히 '듣는' 것을 넘어 그 음악을 '느끼고' '경험하는' 방식을 탐구했습니다. 저는 이러한 작업들이 앞으로 주류 음악의 방향성을 제시한다고 믿습니다. 음악이 메타버스나 AR·VR 같은 기술과 결합될 때 청중은 그저 청각적으로 반응하는 것뿐 아니라, 그 음악에 대한 시각적·감각적 상호작용을 통해 더 깊은 몰입을 경험하게 될 것입니다. 저는 이러한 미래지향적 접근을 통해 음악이 단순한 오디오적 매체를 넘어 여러 차원에서 청중과 소통할 수 있는 창의적 콘텐츠로 발전할 수 있기를 기대합니다.

SM에 처음 들어와 음악을 만들었을 때 어떤 목표를 세웠고, 현재 그 목표는 어디까지 도달했나요?

처음 곡을 만들 때 저의 목표는 SM 아티스트들이 가진 음악적 매력을 가장 효과적으로 표현하는 동시에 많은 사람의 마음에 가닿을 수 있도록 하는 것이었는데, 이는 SM과 작업한 모든 작가의 목표와 비슷할 거라 생각합니다. 당시에는 지금처럼 글로벌 시장을 염두에 두기보다는 한 곡 한 곡에 집중하며 한국 대중음악의 새로운 기준을 만들어가겠다는 열정이 컸습니다. 지금 그 목표가 어디까지 도달했는지 돌아보면 당시에는 상상도 못 하던 방식으로 케이팝이라는 이름이 전 세계로 뻗어나가고 있고, 제가 참여한 곡들이 그 여정에 작게나마 기여했다는 데 감사할 따름입니다. 하지만 도달했다고 해서 멈출 수는 없다고 생각해요. 이제는 단순히 좋은 곡을 만드는 것을 넘어 아티스트의 정체성을 담고, 전 세계 다양한 팬에게 지속적으로 공감과 영감을 줄 수 있는 음악을 만드는 것이 중요하다고 느낍니다. SM 30주년을 맞이하며, 저는 우리의 과거를 존중하면서도 새로운 방향을 계속 모색해야 한다고 생각합니다. 그 여정에 부족하나마 함께할 수 있다는 것이 저에게는 여전히 큰 영광입니다.

다수의 케이팝 히트송을 작업한 노르웨이 기반의 프로듀싱 그룹 디자인 뮤직은 케이팝이 장르의 경계를 넘나드는 문화 콘텐츠 영역이라며, SM과의 협업은 해외 프로듀서들에게 완전히 새로운 창작 경험을 부여한다고 말한다.

디자인 뮤직 Dsign Music, 작곡 및 프로듀싱 그룹
안네 유디트 비크, 로니 스벤센, 로빈 옌센, 아드리안 테센, 최진석
Anne Judith Wik, Ronny Svendsen, Robin Jenssen, Adrian Thesen, JINBYJIN

dsign music

디자인 뮤직은 음악 프로듀싱 회사인 동시에 창작 집단입니다. 그 시작 배경이 궁금합니다.

저희는 2004년 노르웨이 트론헤임 Trondheim에서 시작했습니다. 노르웨이 음악 신에서 자작곡을 만들며 오랫동안 뮤지션으로 활동하고 있었죠. 안네는 '소다 SODA'라는 밴드의 싱어로 플래티넘 음반 판매를 기록할 정도로 많은 인기를 누렸어요. 소다 이후에는 노르웨이 출신 팝 밴드로 현재는 프로듀서로 활동 중인 '스타게이트 Stargate'의 싱어로도 활동했죠. 로니와 로빈, 그리고 오늘 일정상 자리에 없지만 네르민 하람바시크 Nermin Harambasic는 프로그레시브 록 밴드 활동을 같이 한 바 있어요. 출신이 다른 저희가 한자리에 모인 건 다른 뮤지션을 위해 곡을 쓸 타이밍이 왔다고 생각했기 때문이에요. 저희 모두 다른 아티스트의 곡을 쓰고 프로듀싱할 수 있을지 관심이 많았거든요. 오늘 자리에 함께한 진석과 아드리안의 경우 뒤늦게 합류했지만, 디자인 뮤직에 늘 다양한 음악적 영감을 가져다주는 멋진 프로듀서들이에요. 특히 진석의 경우 '진바이진'이란 이름으로 프로듀서 활동을 했을 뿐 아니라 오랜 기간 글로벌 A&R로서 저희와 많은 곡 작업을 함께 해왔기에 북유럽 음악과 케이팝 음악의 교집합을 정확히 이해하고 있죠. 아드리안은 힙합과 알앤비 음악을 주로 프로듀싱했어요. 특히 소리에 굉장히 민감해서 저희가 잡아내지 못한 깊이 있는 다양한 음을 찾고 만들어냅니다.

한 곡을 위해 매번 전체 팀원이 함께 작업하나요? 아니면 곡 스타일에 따라
그에 걸맞은 팀원들이 모여 곡을 만드나요?

각자 역량이 다르기 때문에 트랙에 멜로디를 올리는 것처럼 서로의 재능을 쌓는 형식으로 음악을 만듭니다. 만약 특정 음반 레이블이 저희에게 다이내믹함을 주제로 한 곡을 부탁한다면, 트론헤임 스튜디오에서 로니가 주제에 걸맞은 비트나 반주 작업을 통해 트랙을 만들고, 안네가 반주나 비트를 흥얼거리다가 그에 알맞은 멜로디와 가사를 쓴 뒤 의견을 구하죠. 그럼 네르민이 자기만의 아이디어를 더한 다음 "이 곡 어때?"라고 물어보는 식이에요.(웃음) 이렇듯 장르나 아티스트, 음반 레이블의 특성에 따라 서로가 담당하는 역할이 달라요. 물론 각자 상황에 따라 혼자 작업하는 경우도 있고요.

디자인 뮤직은 음악적 장르의 한계점을 정하지 않은 것처럼 다양한 국가의 아티스트와 작업합니다.
디자인 뮤직이 지향하는 음악은 어떤 장르인가요?

트렌드나 현존하는 음악의 접근 방법을 파괴하는 창작 집단이라고 생각해요. 저희가 케이팝 뮤지션의 곡을 작업하길 좋아하는 것도 같은 이유입니다. 그들은 언제나 새로운 걸 원하죠. 결코 기존의 것을 답습하려고 하지 않아요. 저희는 특정 장르나 시대 음악에 휘둘리기보다 디자인 뮤직만이 할 수 있는 음악을 선보이고 싶다는 생각을 줄곧 하고 있어요.

SM과 첫 번째 작업이 소녀시대의 '소원을 말해봐 (Genie)'입니다.
당시 한국 음악에 대한 인상은 어땠나요?

전혀 알지 못했어요.(웃음) 솔직하게 고백하면 소녀시대를 그때 처음 알게 되었죠. 저희가 소속된 퍼블리싱 회사의 A&R이 한국 음악 시장 규모를 설명하며, SM과의 작업을 추천한 것이 첫 인연이 되었어요. 퍼블리싱 회사 측에서 보아의 'Eat You Up'을 들려줬는데요, 저희 색깔과 어느 정도 부합하는 스타일이란 생각이 들었죠. 그래서 도전해보기로 한 거예요.

'소원을 말해봐 (Genie)'는 한국뿐 아니라 아시아 전역에서 센세이셔널한 인기를 얻었습니다.

처음에는 저희가 만든 곡이 음악 차트에서 좋은 성적을 거두고 있다는 정도로 생각했어요. 저희가 사는 트론헤임은 인구가 약 22만 명인 작은 도시예요. 유럽 음악 신에 있긴 했지만, 작은 도시에 머물고 있어서 저희가 만든 곡이 아시아 전역을 강타했다는 게 실감 나지 않았죠. 그런 걸 상상해본 적도 없으니까요. 그런데 계속해서 반응이 오는 거예요. 이거 뭔가 좀 다르다고 생각했죠. 지금도 기억에 남는 게 소녀시대가 도쿄돔에서 콘서트를 했는데, 공연이 전부 매진될 정도로 인기가 대단했어요. 초청을 받아 공연장에 갔는데, 방송국에서 저희를 찾아와 인터뷰를 요청하기도 했어요. 콘서트 열기가 정말 엄청났습니다. 공연장은 함성으로 가득했고, 많은 관객이 핑크색 야광봉을 흔들고 열광했죠. 소녀시대가 노래하면 팬들도 따라 부르더라고요. 특히 중간에 '소원을 말해봐 (Genie)' 노래가 잠시 멈추자, 티파니가

"Tokyo, put it back on!"이라고 외치는데, 정말 소름이 쫙 돋았어요. 저희 모두 그 순간을 영원히 잊지 못할 거예요.

곡을 작업할 당시 SM A&R들과 어떤 음악적 의견을 주고받았나요?

음악이란 게 잡을 수 없는 무형의 것이라 서로 얼마나 주파수가 잘 맞는지가 중요합니다. 실질적으로 음악을 전공했다 해도, 실제 음악이 완성되어 아티스트가 불러주기 전까지는 그 음악이 훌륭한 음악인지 알 수가 없으니까요. 작업을 하다 보면 저희가 만든 음악 작업 방향이 제대로 가고 있는지 잘 모르는 순간이 오거든요. 그럴 땐 아티스트를 누구보다 이해하고 있는 A&R의 피드백이 필요해요. SM A&R은 저희가 필요하다고 생각할 때 언제나 과감한 의견을 솔직하게 줘서 좋았어요.

이를테면 어떤 피드백이 오가나요?

저희가 한글에 대한 이해가 상대적으로 부족하다 보니 자연스럽게 그루브가 발생하는 음악을 만들었어요. 그러자 음절을 좀 더 많이 넣어달라고 하더군요. 한글에 맞는 리듬을 만들기 위해선 글자 하나하나에 음절을 넣어야 한다고요. 그런 프로세스를 지속적으로 거치는 거예요. 이 과정에서 매번 놀라게 되는 지점이 있는데요. SM의 아티스트들이 저희가 작업한 곡을 부를 때의 모습을 정확히 묘사할 수 있다는 점이에요. 이러한 피드백은 단순하게 "지금 멜로디의 이런 부분이 좋아요"라고 말하는 것과는 다릅니다. 아티스트가 불렀을 때의 느낌을 고스란히 전달하는 방법에 가깝죠. 음의 높낮이 하나라도 아티스트가 소화할 수 있도록 세부적으로 조정해 의견을 주거든요. 그런 부분에서 A&R이 진심으로 아티스트를 이해하고 있다는 생각이 들었어요. 가끔 너무 많은 피드백 때문에 속상하기도 하지만, 그렇게 서로의 의견을 주고받다 보면 저희도 포트폴리오를 위한 곡이 아니라, 진심으로 그들이 원하는 곡을 만들게 돼요. 그들이 원하는 아티스트의 곡을 작업하는 것인 동시에, 저희가 몰랐던 새로운 음악을 시도하는 기회인 셈이죠. SM A&R의 커뮤니케이션 방식은 프로듀서나 송라이터에게 긍정적 영향을 가져다줍니다.

SM이 송캠프를 시작한 해부터 지금까지 계속해서 주요 호스트로 참여하고 있습니다.
그 누구보다 송캠프를 잘 이해하고 있을 것 같습니다.

저희 멤버인 로빈은 2010년부터 트론헤임에서 새로운 음악 창작자를 발굴하고, 그들의 음악을 세계에 알리는 송캠프 '송:엑스포 Song:Expo'를 운영하고 있어요. 사실 그가 처음 송캠프를 개최한다고 할 때만 해도 아무도 이 작은 도시에 오지 않을 거라고 생각했지만, 현재는 국제적 규모가 됐죠. 송:엑스포는 SM에서도 자체적인 송캠프 시스템을 구축하는 데 영감을 주었어요. 송캠프를 위해선 준비해야 할 게 많아요. 어떤 퍼블리싱 회사와 함께할지, 어떤 목적으로 프로젝트를 진행할지, 어떤 창작자들과 함께할지, 어떤 음악을 만들지를 치밀하게 계획하지 않으면 절대로 다수의 참여자를 만족시킬 수 없어요. 특히 작곡가와 프로듀서를 섭외해 그들의 성향을 분석하고 새롭게 팀을 구성하는 '어레인지' 작업이 아주 중요하죠. 당시 디자인 뮤직은 SM과 좋은 인연을 맺 었기에 저희 노하우를 함께 공유하며, 2012년 SM의 첫 번째 송캠프 서울 콜링에 참여하게 된 거예요.

송캠프에서 완성한 음악은 향후 어떻게 활용하나요?

SM 송캠프에서 만들어진 음악은 일단 SM이 3~6개월 정도 모니터링해요. 충분한 모니터링 후에 마음에 들면 그 곡을 구매해 사용하죠. 송캠프에서 만들어진 곡 중 SM이 구매하지 않은 곡들 일부는 상황에 따라 다른 음반 레이블로 전달되어 소개되기도 하고요.

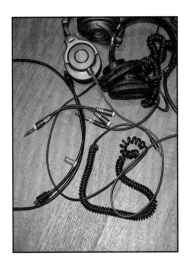 

SM은 음악 퍼블리싱 자회사 KMR을 설립해 글로벌 시장을 적극적으로 공략하고 있는데, 디자인 뮤직 역시 KMR과 계약을 체결한 걸로 알고 있어요.

일단 디자인 뮤직과 SM은 오랜 시간 좋은 관계를 구축해왔어요. 저희 멤버 로빈은 KMR의 유럽 지사 CEO고, 진석은 KMR 본사의 글로벌 A&R 본부장 겸 이사(Global A&R Executive)죠. 디자인 뮤직이 KMR과 계약을 체결한 건 저희에겐 당연한 결과예요. 디자인 뮤직이 앞으로도 케이팝 음악 신에서 활약하는 좋은 프로듀싱 팀으로 남았으면 좋겠어요. 저희가 계속해서 SM 송캠프의 호스트로 참가하는 것을 볼 때 저희의 역량이 SM과 케이팝 음악 신에 조금이나마 보탬이 되고 있다고 생각해요. KMR과 SM 송캠프를 통해 계속 발전해나가고 싶어요.

마지막으로 케이팝을 어떻게 정의하는지에 대해 들어보고 싶습니다.

융통성과 자유라는 단어가 생각나네요. 틀에 갇힌 장르가 아니어서 그간 해보지 않은 다양한 음악적 시도를 할 수 있어요. 그래서 케이팝은 창작자에게 영감을 주는 음악 장르라는 생각을 해요. 또 다른 시각으로 보면 웨스턴 팝과 다르게 다양한 메시지와 세계관을 갖고 있어 모든 지역과 세대를 아우를 수 있는 힘을 지니고 있죠. 케이팝의 또 다른 특징은 다수의 멤버가 그룹으로 활동하는 경우가 많다는 거예요. 이를테면 여덟 명의 멤버에게 맞춰 곡을 만들어야 하므로 한 명에게 맞춘 음악보다 복잡한 구조를 띨 수밖에 없고, 한 명의 멤버마다 10~15초 정도의 파트를 부여하기 때문에 틱톡이나 릴스 같은 숏폼에서 멤버별로 주목받기 쉽죠. 노래 자체가 챌린지 열풍을 만들 수밖에 없는 구조인 거죠. 소셜 미디어를 통해 다양한 방법으로 전파되기 때문에 한편으론 음악 장르이기보다는 다양성이 조합된 문화로 접근하는 게 옳은 것 같기도 해요.

spectrum

그간 케이팝 신에서 대중적인 아이돌 음악을 주로 선보여온 SM엔터테인먼트는 음악 취향이 다양한 팬들의 수요에 발맞추어
여러 음악적 변화를 시도하고자 독립된 레이블을 론칭했다. 이 독립 레이블들은 음악 장르의 경계를 확장하고, 음악에 대한 진정성을 토대로
케이팝을 깊이 있는 하나의 문화로 정착시키는 중이다. 에디터 김진형

KRUCIALIZE

'결정적으로 만들다'라는 의미를 지닌 합성어 크루셜라이즈는 트렌디하면서도 감성적 컨템퍼러리 알앤비 장르를 선보이는 레이블로 2024년 5월에 론칭했다. 많은 음악 팬의 사랑을 꾸준히 받는 알앤비 음악에 팝이나 솔 등 현대적 요소를 가미해 음악적 장르를 넓히고 글로벌화하려는 의도를 담았다. 레이블을 론칭한 후 웹사이트와 SNS 계정을 오픈한 크루셜라이즈는 성수동 언더스탠드에비뉴에서 론칭 기념 비주얼 팝업 행사를 진행하며 팬들과 소통하는 시간을 가졌다. 레이블이 지닌 목표와 팬들에게 발신하려는 메시지를 명확히 설명하는 자리였다. 크루셜라이즈는 자신만의 개성이 돋보이는 신인 아티스트를 발굴해 알앤비 기반으로 음악적 스펙트럼을 넓혀나가는 중이다. 2024년 10월에는 첫 아티스트로 신예 싱어송라이터 민지운을 공개하며 본격적인 행보를 시작했다. instagram @krucialize

SM Classics

SM 클래식스는 클래식 & 재즈 음악 전문 레이블로서 케이팝을 오케스트라 버전을 비롯해 다양한 편성의 클래식 음악으로 편곡하는 콘셉트로 2020년 7월에 론칭했다. 서울시립교향악단과 협업해 레드벨벳의 '빨간 맛 (Red Flavor)' 오케스트라 버전을 발매하며 그 시작을 알렸다. 클래식을 비롯한 재즈, OST, 영화음악 등 클래식과 관련한 여러 장르의 음악 제작 및 아티스트들과의 컬래버레이션을 통해 음악의 지평을 넓혀가며 SM 오리지널 IP 확장의 대표적 사례로 손꼽힌다. SM 클래식스의 참신한 시도는 객관적 수치로도 확연히 돋보인다. 레드벨벳의 'Feel My Rhythm' 오케스트라 버전은 클래식 콘텐츠 중 이례적으로 유튜브 인기 급상승 동영상 및 음악 순위 10위권에 진입했고, 문화체육관광부 주최 '2024 신년 음악회' 및 서울시립교향악단 '강변음악회'에서 연주된 'Feel My Rhythm', 소녀시대 '다시 만난 세계' 오케스트라 버전은 1만여 명 관객에게 벅찬 감동을 전하며 큰 호응을 얻었다. 레이블 소속 아티스트들의 활동과 지원에도 진심이다. 현재 아티스트 요한킴, SM Jazz Trio(황호규, 김종국, 요한킴), 플루티스트 한지희 등이 소속해 있다. SM 클래식스는 SM 창립 30주년 기념일인 2025년 2월 14일, 그리고 15일 양일에 걸쳐 첫 오케스트라 콘서트 'SM CLASSICS LIVE 2025 with 서울시립교향악단'을 개최한다. 이 또한 케이팝 엔터테인먼트 회사 최초의 시도로 주목받고 있다. instagram @smclassics

ScreaM Records

전자음악의 모든 장르를 아우르는 EDM 레이블. 2016년 처음 론칭했다가, 춤을 기반으로 한 다양한 음악을 포괄하며 활동하고자 2024년 4월 댄스 뮤직 레이블로 새롭게 태어났다. 스크림 레코즈의 댄스 뮤직은 케이팝, 일렉트로닉 등 춤을 기반으로 한 여러 음악과 다채로운 장르를 융합한 다양한 콘텐츠를 제작하는 것이 핵심이다. 슬로건 '댄스 하드, 스크림 라우드 DANCE HARD, SCREAM LOUD'는 에너지 넘치는 공연 현장의 분위기처럼 팬들과 함께 재미있게 즐기는 문화를 만들겠다는 포부를 담고 있다. 리브랜딩 이후의 적극적 활동에서 팬들에게 다양한 문화 예술 경험을 제공하고자 하는 의지가 엿보인다. 같은 해 5월, 스크림 레코즈는 서브 브랜드 스크림 아카데미 ScreaM Academy를 론칭했다. 전자음악에 관심이 높은 수강생들을 대상으로 프로듀서들의 작업 노하우와 업계 실무 경험에 대한 현실적 이야기를 전하는 자리를 마련한 것. 이어 영국의 DnB 명가 호스피털 레코즈 Hospital Records와 함께 송캠프 이벤트를 개최하고, 리믹스 프로젝트의 일환으로 작곡가 겸 프로듀서 켄지의 싱글 <RE:WORKS>를 발표하며 기존 곡을 재해석하기도 했으며, 전 세계 최초로 케이팝 DJ 레이블 투어 'K-POP ScreaM North America Tour 2024'를 진행하는 등 꾸준히 새로운 시도를 선보이고 있다. instagram @screamrecords

the way of the stars

SM TRAINEE's DAILY JOURNAL

DATE 날짜		IN 도착	OUT 출발	본인확인	
2021년 7월 5일 (월)		12:25	12:28	유우시	담당확인
TIME 시간	LESSON 강사			내용	

DATE 날짜		IN 도착	OUT 출발	본인확인	
2021년 7월 6일 (화)		11:00	12:55	유우시	담당확인
TIME 시간	LESSON 강사			내용	

DATE 날짜		IN 도착	OUT 출발	본인확인	
2021년 7월 7일 (수)		11:41	1:50	유우시	담당확인
TIME 시간	LESSON 강사			내용	

DATE 날짜		IN 도착	OUT 출발	본인확인	
2021년 7월 8일 (목)		1:30	12:38	유우	담당확인
TIME 시간	LESSON 강사			내용	

보컬부터 퍼포먼스까지 모든 방면에서 뛰어난 실력을 인정받는 SM엔터테인먼트 아티스트의 시작은 모두 채워지기를 기다리는 흰 도화지 상태의 연습생이었다. SM 아티스트개발센터(Artist Development Center) 윤희준 이사에게 원석을 반짝이는 스타로 데뷔시키기까지의 여정과 그 속에 녹아 있는 SM만의 노하우에 대해 들었다. 빛나는 아티스트를 꿈꾸는 가상 연습생 김한빛과 함께 스타를 만드는 SM의 여정을 추적해본다. 에디터 한동은

trainee

김한빛, 16세(2009년생)

어디를 가나 눈에 띄는 외모의 김한빛은 주위 친구들에게 '확신의
SM상'이라는 칭찬을 자주 듣다가 아이돌을 꿈꾸게 되었다. 어릴 때부터
노래와 춤을 좋아했지만, 한 번도 제대로 배워본 적 없는 그가 어떻게
캐스팅과 오디션 관문을 통과하고 연습생 생활을 거쳐 한 팀의 멤버로
데뷔하는 데 성공했을까?

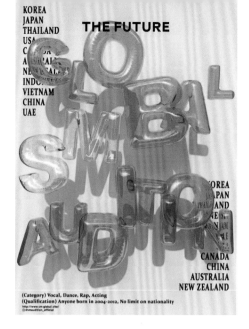

casting

김한빛은 노래와 춤을 좋아하지만 제대로 배워본 적은 없다. 학교에서 친구들과
유행하는 릴스를 찍거나 노래방에서 노래하는 모습을 업로드하는 게 그의 취미
생활이다. 물론, #09년생 #고2 #일반인라이브 등의 해시태그도 함께 올린다.
그러던 어느 날, 노래와 춤에 관심이 있으면 오디션을 보겠느냐고 묻는 DM을
받았다. 낯선 아이디라 반신반의했지만 그 제안에 응했고, SM의 비공개 오디션을
보게 되었다. SM 선배의 곡을 연습해 선보인 무대로 1·2차 오디션에 합격한
김한빛은 3차 오디션 직전, 태어나서 처음으로 보컬 트레이닝을 받는 기회를
얻었다. 스스로 남보다 더 많은 노력이 필요하다고 느낀 그는 수업 시간에 일찍
도착하고, 남아서 추가 개인 연습까지 열심히 했다. 기초 발성부터 제대로 배울 수
있어 기뻤고, 날이 갈수록 향상되는 실력에 스스로도 놀랐다. 1차 오디션엔 수백
명이 응시했지만, 3차까지 남아 함께 레슨을 받은 인원은 단 6명. 3차 테스트 후
김한빛은 근성과 성장 잠재력을 인정받아 마침내 SM에 최종 합격했다.

레드벨벳 슬기

"어릴 때부터 가수가 꿈이었던 만큼 SM이라는 회사의 특징에 대해 최대한 많이 알아보고 오디션을 봤어요. SM의 색깔에 맞는 보컬을 보여드리려면
선배님들의 곡을 선택해야 한다고 생각해 서로 다른 느낌으로 바다 선배님의 'V.I.P', 강타 선배님이 작사·작곡한 이지훈·신혜성 선배님의 '인형'을
불렀습니다. 오디션에 참여하는 많은 사람 중에서 눈에 띄려면 자신감이 중요하다고 판단해 '최대한 많은 걸 보여주자!'는 생각으로 준비했죠."

SM의 캐스팅 시스템은 캐스팅 유닛 직원들이 학교 앞, 청소년 행사장, 번화가 등 오프라인에서 원석을 물색하거나 인스타그램 DM 등 온라인을 통해 오디션을 제안하는 방법, 그리고 지원자가 직접 찾아오는 공개 오디션으로 나뉜다. 수상한 사람으로 오해받기 십상이던 로드 캐스팅은 현재, 상황에 따라 사전 허가를 받는 방식으로 진행하며, 여전히 중요한 캐스팅 방식으로 자리 잡고 있다. 이와 더불어 새롭게 떠오르는 방법은 DM 캐스팅. 이는 SNS에 자신의 끼를 발산하는 전 세계 곳곳의 숨은 인재를 찾아낼 수 있어 시대에 걸맞은 캐스팅 방법으로 꼽힌다. 세세하게 공개하기는 어렵지만, 이때 해당 부서 직원들이 주로 이용하는 해시태그는 #00년생 #졸업앨범 #일반인라이브 #케이팝커버댄스 등이라고. 윤회준 이사는 해시태그를 검색하지 않더라도 이미 캐스팅을 위한 계정엔 알고리즘을 통해 많은 원석이 새롭게 업데이트되고 있다고 덧붙였다. SM 토요 공개 오디션은 코로나19 팬데믹 때 1~2회를 제외하고는 30여 년간 매주 진행하고 있다. 모두에게 열려 있는 이 오디션 현장에는 외국인을 포함해 매주 200~300명이 참여한다. 2006년 SM이 업계 처음으로 시도한 글로벌 오디션 역시 해마다 진행한다. 글로벌 오디션은 미국, 캐나다, 일본, 인도네시아, 베트남, 중국, 태국 등 전 세계 약 20개 지역에서 펼쳐진다. 로드 캐스팅, DM 캐스팅, 공개 오디션, 각종 온라인 오디션 등을 통해 1차 테스트를 받는 인원은 매주 500~600명. 그리고 개인 오디션 형식으로 이뤄지는 2차 테스트를 거쳐 3차 테스트까지 도달하는 인원은 10명이 채 되지 않는다. 눈여겨볼 것은 최종 오디션인 3차 테스트를 보기 전, SM이 지원자들에게 제공하는 1~2주간의 교육이다. '오디션 캠프'라고 부르는 이 프로그램은 맞춤형 오디션 곡을 정해 댄스 및 보컬 수업을 제공한다. 정식으로 관련 교육을 받아보지 못한 인재들의 센스나 잠재적 성장 가능성을 발견하기 위한 SM만의 노하우다. 윤회준 이사는 이 과정에서 가장 중요한 자질로 '근성'을 꼽았다. "트레이닝을 거쳐 아이돌 그룹으로 성공하는 것은 정말 어려운 일이에요. 근성이 없다면 데뷔까지의 과정을 마치는 것조차 힘들 겁니다. 오디션 캠프를 포함해 오디션 기간 동안 지원자의 태도와 성장 잠재력을 면밀하게 평가하려고 노력합니다."

라이즈 원빈

"캐스팅 DM을 받았을 당시 처음에는 믿기 어려웠고, 그래서 믿지 않았습니다. 결국 실제 캐스팅 연락이라는 사실을 알고 궁금한 마음에 결국 비공개 오디션을 보러 갔죠. 부끄러웠지만 최선을 다해 오디션에 임한 기억이 납니다."

일반적으로 연습생은 평균 3~4년의 트레이닝 과정을 거치는데, 이때 개개인의 실력에 맞는 체계적 교육이 이뤄진다. 아울러 성장 속도와 발전 수준을 체크하기 위해 정해진 주기 없이 수시로 평가를 진행한다. 기본기를 가장 중시하는 트레이닝 유닛은 추가 교육으로 발레, 한국무용 전문가를 초빙해 수업을 진행한다. 언어 교육 역시 빼놓을 수 없다. 외국어 수업은 물론, 독서 토론을 통해 자신의 감정과 생각을 표현하는 교육도 병행한다. SM은 업계 최초로 연습생에게 '연습 일지'를 작성하도록 했다. 시간대별로 어떤 교육을 받았는지부터 어떤 음식을 먹었는지까지 세세하게 하루 일과를 기록한다. 연습 일지는 힘들었던 일, 뿌듯했던 일 등을 해당 부서 직원들과 공유하는 일종의 편지 같은 역할을 한다. 트레이닝 유닛의 직원들은 나이나 직급에 상관없이 연습생과 스태프 간의 친밀함을 형성하기 위해 모두 누나, 언니, 형, 오빠 등의 호칭으로 불린다. 대부분의

연습생이 10대인 만큼 연습은 물론 인성과 신체 발달 등의 관리에도 신경을 쓴다. 모든 연습생의 생일 파티를 열어주고, 성장기의 건강과 영양을 위해 균형 잡힌 음식을 엄선해 제공하는 식이다. NCT DREAM의 멤버들이 연습생 시절 키 160cm가 넘었을 때 트레이닝 유닛의 형과 누나들이 파티를 열어준 일화는 꽤 유명하다. 실력이 많이 향상된 연습생에게는 큰 보상을 하는데, 바로 해외 워크숍이다. 선배들의 투어를 관람하거나 유명 워크숍에 참석하고, 해외 무대에 서는 기회를 제공한다. 넓은 세계를 직접 체험하게 함으로써 자신의 꿈에 동기를 부여하고 자극을 주기 위함이다. 해외 워크숍은 T.E.(Training Evaluation)라고 불리는 평가 시스템을 통해 5~10명 정도를 선정하며, 아티스트의 해외 공연 일정에 맞춰 진행한다.

training

김한빛은 지금 2년 차 연습생이다. 주말에 있을 독서 토론 수업을 대비해 지정 도서를 읽으며 하교한 그는 오늘도 SM으로 향한다. 김한빛은 1년 전부터 발레를 배우기 시작했다. 그동안 기본기를 탄탄하게 다진 덕분에 발레가 더욱 재밌게 느껴진다. 발레 수업 후엔 지난번 촬영한 퍼포먼스 평가 비디오를 보며 선생님께 디테일한 피드백을 받았다. 개인 연습 시간엔 댄스 선생님이 지적한 부분을 특히 신경 써가며 열심히 땀을 흘렸다. 지난주 김한빛은 평가를 통해 뽑힌 연습생 6명과 함께 일본 도쿄에서 NCT 127 선배님들의 콘서트를 관람했다. 그리고 일본인 댄서 리코 선생님의 워크숍에 참석하고 디즈니랜드까지 구경했다. 난생처음 이국땅을 밟아본 그는 세계적으로 사랑받고 있는 선배님들을 보며 더욱더 자신의 꿈을 확신하게 되었고, 힘든 연습 생활을 이겨낼 동력을 얻었다.

라이즈 은석

"뉴욕 워크숍에 갔을 때 패션쇼에 서볼 기회가 주어졌는데요, 모든 게 처음 해보는 경험이라 긴장됐지만 쇼에 참석한 후 느낀 뿌듯함을 잊을 수 없어요. 뉴욕 워크숍은 제 연습생 생활에 큰 동력과 도전 정신을 갖는 계기가 되었습니다."

데뷔는 트레이닝 유닛의 종착점이다. 트레이닝 유닛은 멤버를 선발한 뒤 그들을 단합시켜 단단한 팀워크를 만들도록 도움을 준다. 그리고 멤버들의 조합과 성향을 면밀히 분석해 데뷔 팀을 세팅하고, 각 아티스트의 예명과 팀명을 정한다. 아울러 데뷔 무대를 완벽에 가깝게 선보이도록 연습하는 과정까지 함께한다. 윤회준 이사는 노래, 춤, 랩 등 각 파트의 담당과 팀 콘셉트를 모두 고려해 멤버를 선발할 것이라는 세간의 추측은 오해라고 말한다. "각 파트의 담당을 미리 정하지는 않습니다. 오랜 트레이닝을 통해 기본기를 갖춘 연습생 중에서 노래, 춤, 랩 등 자신의 강점이 확실하거나 올라운더에 가까운 연습생이 데뷔 팀 물망에 오르는 거죠. 콘셉트를 먼저 짜놓고 연습생들을 거기에 끼워 맞추지도 않습니다. 데뷔 수준까지 올라온 연습생들의 이름을 노트에 빼곡히 적어두고 항상 들여다보며 여러 조합을 구성해봐요. 이 과정을 최고의 조합이 나올 때까지 밤낮없이 계속합니다." 팀 조합이 완성되면 프로덕션과 함께 팀의 음악적 방향성을 잡고 콘셉트를 만든다. 데뷔곡은 A&R 담당자들과의 충분한 논의를 통해 데뷔 팀 멤버들에게 가장 잘 어울리는 음악이나 퍼포먼스 스타일을 고려해 결정하는 것이 필수다. 아울러 팀워크와 시너지를 위해 MT나 워크숍을 진행하기도 한다. 팀마다 방식은 다르지만, 가능한 한 많은 대화를 나눔으로써 서로를 한 팀으로 여기고 의지할 수 있는 환경을 조성하는 것이 목표다. 앞서 언급했듯 트레이닝 유닛의 마지막 미션은 음악 방송 데뷔 무대이고, 이를 성공리에 마친 팀은 어엿한 아티스트로서 SM 프로덕션에 완전히 소속된다. 놀라운 점은 오디션부터 데뷔까지 최장 5년여 동안의 비용을 100% 회사에서 투자한다는 것. 데뷔 후 정산 과정도 없다. 이처럼 SM은 지난한 과정을 거쳐야 하는 연습생들이 금전적 걱정 없이 오직 트레이닝과 음악에만 매진하도록 돕고 있다.

producing

연습생 생활 4년, 데뷔 팀 후보로 뽑힌 지 6개월. 현재 김한빛은 다음 주 음악 방송 데뷔 무대를 앞두고 있다. 이를 기점으로 트레이닝 유닛의 형·누나들과 인사를 나누고, 담당 프로덕션 팀에 소속될 예정이다. 지난 6개월 동안 데뷔곡 연습에 매진했다. 같은 팀 후보로 뽑힌 연습생들하고는 함께 합을 맞춘 순간부터 신기하게도 멤버로서 시너지를 느꼈다. MT와 워크숍을 다니며 더욱 가까워졌고, 매일 대화를 나누는 시간을 가짐으로써 서로에 대해 잘 알게 되었다.

에스파 카리나

"데뷔 전, 에스파에게 세계관이 있다는 걸 알고 신기했어요. 선배님들의 세계관을 보면서 우리도 그런 게 있을까 싶었는데, 이렇게 크고 확실한 세계관이 있을 거라고는 생각 못 했거든요. 처음엔 조금 놀라기도 했지만, 지금은 저희도 맘껏 즐기고 있습니다."

NCT WISH 시온

"춤과 노래 연습에 정말 열심히 몰두하느라 몸이 힘들었던 순간도 있어요. 하지만 그런 과정을 겪으면서 제 실력이 향상된 때 정말 보람찼습니다. 'NCT Universe: LASTART PRE-DEBUT TOUR'를 하면서 우리가 진짜 한 팀이라는 걸 실감했죠. 데뷔 이후에는 앨범 발매, 팬 미팅 전국 투어 등의 활동을 하면서 멤버들과 더더욱 한 팀이 되어가고 있는 것 같아 정말 좋습니다."

departments
jo woocheol
mo nari
lee sanghwa
lee juwon

SM엔터테인먼트는 멀티 프로덕션 체제를 바탕으로 전문적이고 세분화된 조직 개편을 통해 30년의 레거시를 이어간다. 책임 의식과 자부심을 기반으로 자신의 분야에서 최고를 향한 도전 정신을 발휘하는 SM 직원들은 아티스트의 성공적 활동을 돕는 단단한 백그라운드이자 퀄리티 높은 콘텐츠의 탄생을 가능케 하는 원천이다. 에디터 이은경 포토그래퍼 맹민화

조우철 Jo Woocheol
'원 프로덕션' 총괄 디렉터

재직 기간: 12년 7개월

SM엔터테인먼트를 선택한 이유는 무엇인가요?
2012년 7월에 크리에이티브 팀원으로 입사해
처음엔 그래픽 디자이너로 일했어요. 이후
아트 디렉터와 비주얼 디렉터를 거쳐 현재
원 프로덕션의 총괄 디렉터를 담당하고
있습니다. 어릴 때부터 미술을 해왔는데 어느
순간 싫더라고요. 음악을 좋아해 밴드로도
활동했지만, 문득 내가 음악을 잘하는 건지
의문이 들었어요. 그즈음 내가 잘할 수 있는
것으로 음악을 시각적으로 표현해보면 어떨까
생각했죠. 처음부터 SM 입사를 염두에 둔 건
아니었어요. 입사할 때만 해도 아이돌 시장에
대한 이해도가 전혀 없었고, 밴드 음악을 좋아해
언더그라운드 쪽의 일이 더 잘 맞을 것 같았지만,
기왕 할 거면 큰 회사에서 한번 해보자 싶었던
거죠. SM은 프로페셔널한 집단이에요. 함께
일한다는 것에 자부심이 들 만큼 동료 선후배
모두 전문적이고 멋지게 일을 해나가죠. 이런
분위기 속에서 점차 적응하고, 좋은 자극을
받으며 지금까지 오게 됐습니다.

**멀티 프로덕션으로 개편된 이후 달라진 점이
있다면요?**
커뮤니케이션 속도가 빨라졌고, 상호 이해도가
높아지면서 여러 업무에서 시너지를 내고
있어요. 하나의 프로덕션으로 묶이며 음악과
비주얼, 영상 콘텐츠 제작에서 밀접하게
유기적으로 결합할 수 있는 환경이 만들어졌죠.
콘텐츠 영역이 확장되면서 아티스트 브랜딩을
통해 파생되는 여러 콘텐츠에 하나의 메시지를
담는 것이 중요해졌어요. 보다 심도 있게 여러
작업물에 관여할 수 있는 지금의 시스템이
효율성과 전문성을 높여주고 있죠. 현재 보아
이사님, 소녀시대, 에스파 세 팀을 중심으로
담당하면서 아티스트를 좀 더 명확하게
이해하고 방향성을 설정할 수 있다는 것도
장점이에요. 과거와 달라진 점 중 하나는
A&R에서 좋은 음악을 선정한 후에 팀원들과

함께 현재 우리에게 필요한 음악이 무엇인지
회의를 진행한다는 거예요. 콘셉트 기획의
구심점이 되는 음악 선정부터 함께 의견을 내고
있죠.

원 프로덕션만의 특징이 있다면 무엇인가요?
각 프로덕션의 IP와 디렉터마다 추구하는
방향성이 있겠지만, 원 프로덕션의 가장
큰 특징은 서로 다른 색깔을 지닌 세 팀의
아티스트가 소속된 곳으로 '다름'이 주는
가능성과 표현의 다양성이라고 할 수 있어요.
각 아티스트의 색채가 뚜렷한 만큼 그들만이
표현할 수 있는 음악과 세계를 구축해야 하죠.
그 안에서 최성우 총괄 디렉터님은 매니지먼트,
저는 제작을 바탕으로 각각의 전문성을
극대화하기 위해 음악부터 기획, 활동 전략
등 많은 부분을 함께 조율하며 시너지를 내고
있어요. 좋은 음악과 콘텐츠를 만들기 위한
지향점이 같기 때문에 모든 스태프가 각자의
영역에서 경계를 허물고, 모든 일을 함께 하는
게 우리의 가장 큰 힘이라고 할 수 있죠. 그리고
저는 디렉터로서 제 강점인 시각적 경험을
극대화해 원 프로덕션만의 개성을 키워나가기
위해 노력하고 있습니다.

**SM의 스타일을 가장 잘 이해하는 사람으로서
SM스러움이란 무엇일까요?**
탄탄한 브랜딩이요. 소속 아티스트가 굉장히
많은 상황인데도 각각의 색깔이 분명해요. 그걸
바탕으로 아이덴티티를 확실하게 구축한다는
것이 SM스러움이라고 생각해요. 각자의 개성을
유지한 채 다양한 스타일과 비주얼을 완성하는
동력이기도 하고요. SM의 강점인 브랜딩
작업을 위한 저희의 역할은 아티스트의 속성을
이해하고, 그들만이 표현할 수 있는 세계를
구축하는 것이죠.

콘셉트의 본질을 압축해 시각화하는 작업에서

중요하게 생각하는 요소가 있다면요?

내러티브를 가장 중요하게 생각해요. 음악을 통해 시각적 메시지를 전하는 일을 하다 보니 모든 결과물이 하나의 궤를 형성해야 하죠. 한 편의 영화처럼 스토리와 설정, 배경, 주인공의 스타일이 조화롭게 연결돼야 해요. 모든 프로젝트 기획의 첫 단계는 방향성 설정이에요. 방향성이 명확해야 아티스트별 아이덴티티를 유지하는 동시에 내러티브를 확장시킬 수 있어요. 음악을 듣고 떠오르는 여러 키워드를 하나로 좁히는 과정을 거쳐요. 팀원들과 끊임없이 아이디어를 주고받으며, 버리고 결합해 새로운 그림을 만들죠.

에스파의 '쇠 맛' 콘셉트는 어떻게 발전해왔나요?

에스파는 데뷔 때부터 뚜렷한 세계관을 지닌 그룹이다 보니 짜인 틀 안에서 음악과 콘텐츠를 확장시키기에는 한계가 있을 거라 생각했어요. 정규 1집 <Armageddon>을 기점으로 '다중 우주'로 세계관을 확장한 이유죠. 세계관 확장에 따라 음악과 비주얼까지 많은 부분에 변화를 줄 수 있었거든요. 멀티 프로덕션 체제로 전환한 이후 처음 선보인 곡 'Spicy'에서는 전형적 에스파 스타일의 음악과 콘셉트에서 탈피해 환기를 시켰다면, 'Supernova'와 'Armageddon'에서는 다중 우주 속에서 펼쳐나갈 에스파의 정체성을 신선하면서도 가장 에스파스럽게 표현했죠. 그리고 'Whiplash'에서는 기본적인 그들의 스토리를 전개하면서도 아티스트의 비주얼에 집중해 이들 자체만으로 에스파스러움이 무엇인지 보여주고자 했어요. 그 적절한 텐션이 콘셉트의 변주로 이어지는 시도를 꾀한 거죠. 정규 1집이 나오고 "그다음 앨범에서는 대체 뭐 하려고 이 정도까지 하냐"라는 반응을 가장 많이 들었어요. 모두가 뚜렷한 목표점을 설정하고, 주어진 프로젝트에 온 힘을 다 쏟아부은

결과인 것 같아요. 새로운 프로젝트에 임할 때마다 부담감보다는 오히려 자신감과 설렘이 생겨요. 저희의 노력이 인정받고 좋은 반응이 나타날 때 느끼는 그 희열은 다음 프로젝트로 이어지면서 또 다른 목표를 갖게 하는 것 같아요. 이것이 우리 일의 가장 큰 매력인 것 같습니다. 앞으로도 에스파의 쇠 맛은 팬들의 상상과 해석, 그리고 에스파만의 음악과 스토리를 결합해 점점 더 크게 확장될 거라 기대하고 있어요.

여러 직원을 이끄는 디렉터로서 스스로는 어떤 사람인가요?

예전부터 일을 함께 하는 모두가 경계 없이 각자의 생각을 자유롭게 주고받는 환경을 만들고 싶었어요. 제가 일방적인 정답이 되어서는 안 되기 때문이죠. 저희는 정해진 시간 내에 완성과 미완성 사이에서 많은 고민과 시행착오를 겪으며 최대치의 결과물을 만들어내야 해요. 완성도의 기준은 주관적일 수밖에 없지만, 객관적 목표점은 분명해야 하기에 각자의 생각을 자유롭게 표현하며 하나의 목표를 도출하고, 각각의 파트가 한 팀이 되어야 한다고 강조하죠. 이러한 과정을 통해 다수가 인정할 수 있는 '아름다움'의 객관적 '완성'을 추구하고자 합니다.

"각 아티스트의 색채가 뚜렷한 만큼 그들만이 표현할 수 있는 음악과 세계를 구축해야 하죠."

"최대한 많은 팬이 공감할 수 있는 콘텐츠를 만들고 싶어요."

모나리 Mo Nari
'SMCU 디벨롭먼트 유닛' 유닛장

재직 기간: 8년 9개월

SM에 입사한 지는 얼마나 되었나요?
2016년 5월에 입사했어요. 타
엔터테인먼트사에서 5년 정도 근무하며 팬
마케팅, 공연, 사업 운영과 전략 기획 등의
업무를 담당했죠. 당시에도 늘 새로운 도전을
이어오는 SM을 관심 있게 지켜보며 제
커리어의 전환점이 SM이길 바랐습니다. 그러다
SM에서 2차 창작물을 서비스하는 팬 아트
플랫폼 '팬북'을 준비한다는 소식을 접했어요.
당시 팬 아트 콘텐츠는 팬들 사이에서만
조용하게 소비되는 문화였는데, 이런 팬 문화의
가치를 이해하고 콘텐츠화하려는 SM의 시도가
너무 흥미로웠습니다. 제가 처음 속한 팀은
이모티콘 제작과 캐릭터 비즈니스 등 뉴미디어
콘텐츠와 관련한 업무를 주로 하고 있었는데,
저는 팬북 플랫폼을 기획하고 운영하는 업무를
담당하며 SM에서의 커리어를 시작하게 됐죠.
청담동 사옥으로 첫 출근해 자리를 배정받던
순간이 아직도 생생해요. 입사 후 가장 기뻤던
때가 입사 첫날이라고 말할 정도로요.

**SMCU 디벨롭먼트 유닛은 어떤 업무를
담당하나요?**
지금의 팀이 만들어지기 전부터 세계관 업무를
해왔어요. 오랫동안 보수적으로, 비밀스럽게
일해온 것 같아요. 2020년 본격적으로 SMCU
프로젝트를 시작하며 팀이 꾸려졌고, 세계관
서사를 발전시키며 점차 우리만의 방향성을
찾아가고 있어요. 초창기 세계관이 판타지
장르에 가까웠다면, 점차 아티스트의 캐릭터에
맞춰 자연스럽게 어울리도록 개선해 아티스트
콘텐츠를 더욱 빛낼 수 있는 부가적인 것들을
개발해요. 스토리텔링을 기반으로 한 아티스트
콘텐츠를 기획하고, 생산 이후에도 지속적으로
다듬고 키워나가는 것이 저의 역할입니다.
만화·웹 소설·영상 등의 콘텐츠를 만들기도 하고,
MD나 IP 사업 부서와 긴밀히 협업해 재미있는
프로젝트도 구상하고 있어요.

**SM 3.0 이후로 세계관 콘텐츠에도 변화가 큰
것 같아요.**
에스파를 시작으로 SM의 모든 아티스트가
하나의 세계관으로 연결되는 SMCU의
방향성이 달라졌어요. SM 3.0을 기점으로
그룹의 특성과 아티스트의 캐릭터에 맞춰
스토리텔링을 구성해나가고 있죠. 그동안
SM의 세계관은 은유적 표현이 많아 팬들이
직접 해석하도록 하는 방식이었어요. 하나의
놀이로 즐기는 분들만큼이나 어렵고 복잡한
내용을 불편해하는 분들도 있었죠. 최대한
많은 팬이 공감할 수 있는 콘텐츠를 만들고
싶어요. 아티스트가 지닌 본연의 성격과 팬들이
좋아하는 면을 많이 모니터링해서 그에
맞는 캐릭터를 세계관 속에 부여하려고 해요.
라이즈의 웹 소설 <라이즈 앤 리얼라이즈 Rise
& Realize>에서는 육상을 하다 발목 부상으로
선수 생활을 접을 수밖에 없는 캐릭터로
원빈이 등장해요. 실제로 육상을 한 경험을
참고해 캐릭터를 설정했죠. 이처럼 이질감을
줄일수록 팬들의 몰입도가 더 높아진다고
느껴요. 아티스트 역시 실제 경험과 성격에
대해 콘텐츠와 연결 지으며 편하게 이야기할 수
있고요.

**SM만의 캐릭터를 유지할 수 있게 만드는
구심점이 있다면요?**
제가 하는 업무 대부분은 R&D 분야로 인식돼요.
사업의 관점이 아닌, 회사의 핵심 기술로
인지하고 있어 KPI(핵심성과지표)에 구애받지
않고 일할 수 있다는 점에서 행운이라고
생각해요. 만약 수익에 대한 압박이 컸다면
지금의 다양한 시도는 불가능했을 거예요. 저의
작은 용기와 동료들의 열정이 꺾이지 않게
지원해주는 회사 덕에 SM만의 세계관이 더 잘
유지되고 확장되는 게 아닐까 싶습니다.

"공연의 경우 라이브로 상품을 생산하는 과정인 동시에 리얼 타임으로 환호성을 듣고, 즐기는 모습을 볼 수 있다는 점이 매력적이죠."

이상화 Lee Sanghwa
'IP 익스펜션 센터' 센터장

재직 기간: 1년 9개월

SM을 선택한 이유는 무엇인가요?
SM의 자회사이자 공연 기획사인
드림메이커에서 2014년부터 3년 반 동안
근무했어요. 커리어 전체로 보면 2003년
음악 마케팅으로 시작해 전략을 담당하며 여러
회사에서 일하다 2023년 5월 SM에 입사했죠.
과거 파트너로 일했던 터라 SM의 시스템이나
스타일 같은 내부 상황에 대해 잘 알고 있었어요.
엔터테인먼트나 문화 산업의 노동을 두고
학자들은 '레이버 오브 러브 lavor of love'라고
해요. 돈으로 보상되지 않는 영역들, 콘텐츠를
사랑하고 이 문화를 좋아함으로써 채워지는
에너지를 알고 있기에 '사랑의 노동'이라는
말에 크게 공감하죠. 터프하게 해야 하는 일이
많지만, 이 일은 소비자의 피드백을 피부로
느낄 수 있어요. 특히 공연의 경우 라이브로
상품을 생산하는 과정인 동시에 리얼 타임으로
환호성을 듣고, 즐기는 모습을 볼 수 있다는
점이 매력적이죠. 결과물을 주관적으로
평가하는 영역이 많다 보니 오히려 자율성이나
크리에이티브에 대한 결정권이 생겨요. 이런
점이 창의적으로 일할 수 있는 동기부여가 되죠.
감정 지출이 많지만, 그만큼 감정 수입도 커요.
아티스트, 직원, 팬과의 관계성을 통해 동력을
얻거든요.

IP 익스펜션 센터는 어떤 업무를 담당하나요?
공연, 영상, 라이선스, MD, 광고 등 아티스트
IP를 중심으로 전개할 수 있는 전방위적
사업을 다루고 있어요. 여러 업무 중에서도
공연이 중요한 축을 담당하죠. 아티스트의
앨범 활동이나 공연과 연계된 프로모션 및
기획 콘텐츠는 각 프로덕션에 속한 CP 팀에서
생산하고, 저희는 라이즈의 첫 여행 리얼리티
<보스 라이즈 BOSS RIIZE>, 슈퍼주니어
멤버들과 함께한 예능 <슈주 리턴즈> 등
티빙이나 엠넷 등 레거시 미디어를 통해
방영되는 프로그램을 주로 제작해요. 공연

실황을 영화화하거나 비즈니스에 활용하기 위한
DVD 등을 만들기도 하고요. 사업 분야가 넓다
보니 저희 센터 인원만 100명 이상이에요. 센터
이름인 익스펜션이 좀 거창하게 들리지만 결국
모토는 '근본에 충실하자'입니다. 오프라인에서
좋은 경험을 느끼도록 하는 것이 저희 팀의
역할이죠.

**수많은 아티스트의 공연을 담당해왔는데요,
그중에서도 SM만의 특징이 있다면요?**
30년 역사만으로도 특별한 일을 만들 수
있어요. SM은 선배가 후배에게 공연의
즐거움을 알려주는 분위기가 형성돼 있어요.
글로벌 투어를 경험하며 얻은 노하우와
고충들도 나누고요. 신인 때부터 콘서트 준비
과정과 리허설 방식, 백스테이지의 순간
등을 가까이서 경험하며 단독 콘서트에
대한 로망을 키우죠. 공연에 임하는 자세와
관점이 다를 수밖에 없어요. 예를 들면 NCT
태용이 공연을 앞두고 직접 세트리스트를
짜왔더라고요. 작사·작곡을 하는 멤버답게
곡마다 의미를 담아 순서를 정리한 거예요.
공연을 통해 보여주고 싶은 모습에 대해 함께
고민하고, 팬들과의 유대감을 돈독하게 해줄
MD 아이디어를 내기도 해요. 아티스트의
정체성과 내러티브를 공연 속에 깊이 투영할 수
있어 기획에 큰 힘을 실어주죠.

SM 3.0 이후 새롭게 변화한 부분이 있을까요?
SM 3.0을 기점으로 드림메이커뿐 아니라
라이브네이션, CJ 등 여러 파트너사와
협업하게 돼 매년 400회 이상의 공연을 진행할
정도로 횟수가 폭발적으로 늘었어요. 공연
예고가 빨라졌다는 점 역시 변화한 부분으로,
대형 공연의 경우 6개월 전 티켓을 오픈해요.
글로벌 팬들이 콘서트를 관람하기 위해 한국에
많이 찾아오고, 한국 팬들 역시 해외 공연
일정에 참여하는 경우가 늘면서 팬들에게 공연

관람을 위한 준비 시간을 충분히 줄 수 있게
되었어요.

**해외 투어의 경우 국가나 도시에 맞춰 변화하는
부분이 있나요?**

나라마다 선호하는 곡이나 그 나라의 언어로
부른 노래를 세트리스트에 반영하기도 하지만,
공연 퍼포먼스와 콘텐츠는 최대한 한국과
동일하게 만들려고 해요. 케이팝 팬에게 서울
공연은 곧 오리지낼리티예요. 케이팝이 가진
원래의 모습을 보고 싶다는 니즈가 강해 뭔가를
변경하거나 덜어냈을 때 오히려 아쉬워하죠.
해외 팬에게 여러 번 들은 말인데, 케이팝
공연은 퍼포먼스와 음악 및 비주얼과 영상물
등 전체 퀄리티가 높아 마치 백화점 같다고
해요. 다양한 콘텐츠를 한 번에 볼 수 있다는
점은 현시대의 케이팝이 가진 경쟁력이죠. 전
세계 음악 시장이 플레이리스트나 큐레이션을
강조하고 있지만, 케이팝은 여전히 코어 팬덤이
공고합니다. 해외에서 케이팝이 어떻게 팬덤을
형성해왔는지를 연구한다는 점만 봐도 모범
사례를 구축했다고 할 수 있죠.

**새로운 기술을 적극 활용한다는 점도 SM
공연의 특징인데요, SM의 컬처 테크놀로지에
대해 설명한다면요?**

중계 화면에 특수 효과를 넣거나 애너모픽
anamorphic 3D 기법을 통해 와이드
스크린을 무대에 활용하는 등 새로운 시도
또한 공연의 한 축으로 설계하고 있지만, SM
컬처 테크놀로지의 방점은 '컬처'에 찍혀요.
저희가 말하는 테크놀로지는 IT나 신기술을
의미하기보다 새롭게 만들어내는 콘텐츠의 제공
방식 중 하나라고 생각해요. 같은 공간 안에서
서로 에너지를 나누는 공연만이 낼 수 있는
감수성이 존재하잖아요. 기술이 그 감수성을
해쳐선 안 된다고 생각해요. 밸런스 유지가
중요하죠. 온라인 콘서트 또한 활발해지면서

현장 분위기를 생생하게 전달하기 위해 다양한
방법을 개발하고 있어요.

"가장 중요한 건 멤버들이 옳은 길을 갈 수 있도록 잡아주는 가이드라고 생각해요."

이주원 Lee Juwon
'위저드 프로덕션' 선임

재직 기간: 4년 8개월

SM을 선택한 이유는 무엇이었나요?
미국의 한 시골에서 고등학교를 다녔어요.
당시 한 케이팝 아티스트가 유명 팝스타의
미국 투어 오프닝 게스트로 무대에 오른다며
한국에서는 '케이팝의 미국 시장 개척' 등
화려하게 기사가 났지만, 정작 학교 친구들은
한국을 잘 모르더라고요. 정말 충격이었어요.
이 일을 계기로 한국을 알리고 싶다는 꿈을
가지게 됐고, 그 수단으로 음악을 생각했습니다.
미국에서 뮤직 비즈니스를 전공하고 한국으로
돌아와 어떤 분야에서든지 이 산업의 일부가
되고 싶었고, 회사를 다닌다면 SM이길 바랐죠.
그러한 목표로 먼저 타 엔터테인먼트사에서
경력을 쌓았고, SM 매니지먼트 공고를 통해
2020년 6월에 입사했습니다.

매니지먼트의 역할을 어떻게 정의하나요?
입사 면접 시 순서를 기다릴 때 한 수석님께서
"아티스트를 이끌고 가는 것이 매니저의
역할"이라고 말씀해주셨죠. 저도 SM에
입사하기 전까지 매니저는 스케줄을 관리하고
운전하는 사람으로 인식하고 있었지만,
입사해보니 면접 때 말씀하신 것처럼
SM의 매니저는 제가 생각하던 것과 다른
'매니지먼트'의 영역이었고, 지금까지 자부심을
갖고 일하고 있습니다. 현재 위저드 프로덕션의
매니지먼트 팀 소속으로 라이즈를 담당하고
있어요. 매니저라는 직업 특성상 일의 영역이
넓지만, 가장 중요한 건 멤버들이 옳은 길을
갈 수 있도록 잡아주는 가이드라고 생각해요.
이 점을 항상 인지하며 일하려고 하죠.

매니지먼트 팀의 주 업무를 소개해주세요.
저를 포함해 총 4명의 매니저가 라이즈의 현장
스케줄을 담당하고 있어요. 하루에도 수십 번씩
캘린더를 들여다보게 되는데, 일정을 정리하고
해야 할 일을 체크해 멤버들이 준비해야 할
것이나 스케줄의 특징 같은 부분을 설명하죠.

스케줄링에 대한 모든 것을 인식하고, 보다
효과적이고 체계적으로 팀이 운영될 수 있도록
하는 것이 저희의 몫이에요. 회사의 어느 부서든
아티스트와 소통이 필요하면 매니지먼트 팀을
통하고 있어요. 효율적으로 시간을 쓸 수 있도록
스케줄을 나누고, 컨디션 관리에도 신경 써야
하고요. 함께 숙소 생활까지 하고 있어 그런지
주변에서 종종 라이즈 엄마라고 부르기도
하더라고요.(웃음)

가장 인상적이었던 순간은 언제인가요?
라이즈가 데뷔하던 순간이요. 라이즈 팀이
결성되면서 함께 일하는 동료 매니저들도
생겼고, 우리 팀이라는 결속력과 소속감이
강하게 들기 시작했어요. 함께 성장한다는
느낌을 주는 직업이 세상에 얼마나 존재할까요?
굉장히 독특한 지점이고, 계속 이 일을 하게
하는 동력이 돼요. 멤버들과 꿈에 대해서도
많은 얘기를 나누는데, 데뷔 때부터 라이즈의
단독 공연을 늘 바랐어요. 2024년 5월 드디어
라이즈 팬콘 투어 '라이징 데이 RIIZING
DAY'를 개최할 수 있었고, 9월까지 투어를
하는 동안 무대에서 팬들의 환호와 사랑받는
모습을 보며 뭉클하고 뿌듯했어요.

라이즈와 함께 이루고 싶은 꿈이 있다면요?
데뷔와 동시에 감사하게도 굉장히 많은 사랑을
받고 있지만, 아직 해나가야 할 것이 너무
많아요. 그래서 더욱 겸손하려고 노력하죠.
자만하지 않도록 옆에서 감정을 잘 조절해주는
것 또한 매니저의 역할이라고 생각해요.
'함께 성장하고 꿈을 실현해나가는 팀'이라는
의미 그대로 글로벌 신에서 팬덤을 형성하는
아티스트가 되길 바라요.

126

expansion of music

SM엔터테인먼트는 음악이라는 본질을 중심으로 한 새로운 미래의 비전을 알렸다. 단순히 듣는 음악에 집중한다는 뜻이 아니다. 케이팝이라는 세계에서 SM의 독창성과 시스템을 기반으로 확장할 수 있는 음악의 층위는 그야말로 무궁무진하다. 앨범과 뮤직비디오 그리고 공연을 통해 음악의 총체적 경험을 설계하는 SM의 행보를 확인해본다. 에디터 서재우(사진), 한동은(Album), 차우진(Music Video, Concert) 포토그래퍼 정우영

LP, 카세트테이프, CD로 이어져 내려온 음반의 계보는 오늘날 스마트 앨범에 이르렀다. 스마트 앨범은 QR코드나 NFC를 통해 음원을 다운로드하는 디지털 앨범이다. 크기와 형태에서 자유로운 앨범 패키지는 창의적 디자인 굿즈 형태로 무궁무진하게 변주되는 한편, 과거 음반 매체를 향한 향수를 자극하며 소장 가치를 높이기도 한다.

album

1

2

3

앨범 디자인은 시간 여행 중이다. 언제 어디든 가지고 다니며 CD를 넣어 노래를 듣는 CD 플레이어부터 투박한 VHS 비디오테이프와 그보다 좀 더 작은 카세트테이프, 턴테이블로 재생하는 일이 조금 수고스럽지만 감성적인 LP까지. 아날로그 감성과 이제는 흔히 볼 수 없는 형태가 주는 신선함이 담긴 앨범은 스트리밍으로 간편하게 음악을 들을 수 있는 이 시대에 무엇보다 특별하고 소장 가치 높은 굿즈로 자리 잡았다.

1 키 <BAD LOVE> 박스 세트 버전,
   <Gasoline> VHS 버전, <Killer>
   게임팩 버전은 모두 비디오테이프
   케이스와 DVD 케이스를 닮은
   디자인이 특징이다.

2 수호 <점선면>과 라이즈
   <RIIZING: Epilogue>의
   카세트테이프 버전.

3 LP로 출시한 앨범들. 유노윤호
   <NOIR>, 예성 <Unfading
   Sense>, 태연 <To.X>.

4 태연 <Letter To Myself> 레터
   버전은 타블로이드지 형태다.

5 CD플레이어를 포함한 에스파
   <Armageddon> CDP 버전은
   높은 활용도와 아이디어로 화제를
   모았다.

album

이제 책장에 앨범을 보관하는 시대는 저문 듯하다. 대신 일상에서 접할 수 있는 모든 것이 앨범의 모티브가 된다. 테이블 위 칵테일 잔까지도. 가장 큰 호응을 받는 인형 키링 앨범은 가방을 장식하며 팬의 일상에 늘 함께한다. 심지어는 아예 가방으로 출시한 앨범 패키지도 있다. 동전 크기의 슴미니 SMini는 가방뿐 아니라 휴대전화도 장식할 수 있는 포인트 아이템이 되는가 하면, 토이 카메라와 미니 북 앨범은 무료할 때 들여다보는 장난감으로도 기능한다.

daily life

1 캐주얼한 가방 패키지의 라이즈
   <RIIZING: Epilogue> 트래블 백 버전.

2 키의 <Pleasure Shop> 글라스 패키지
   버전은 칵테일 잔 디자인으로 눈길을
   끌었다.

3 NCT WISH <Steady> 키링 버전.
   토이 카메라 형태로 뷰파인더를
   들여다보면 멤버 사진이 보인다.

4 NCT WISH의 데뷔 앨범 <WISH>는
   아티스트의 마스코트인 '위츄 WICHU'
   인형 패키지로 출시했다.

5 레드벨벳 멤버의 대표 컬러에 맞춰
   출시한 10주년 기념 앨범 <Cosmic>의
   '코스미 Cosmie' 슬기 버전.

6 아이린 솔로 데뷔 앨범 <Like A
   Flower> 미러 버전은 키링으로 활용할
   수 있는 손거울 형태다.

7 디지털카메라 디자인의 NCT WISH
   <Steady> QR 버전.

8 태연의 <Letter To Myself> 껌북
   gumbook 버전과 <Heaven> 미니
   레시피 북 버전은 앙증맞은 크기의 포토
   북 형태다.

9 멤버의 얼굴이 새겨진 슴미니 앨범.
   민호 <CALL BACK>, 에스파
   <Armageddon>, NCT DREAM
   <DREAMSCAPE>, WayV
   <FREQUENCY>.

보는 음악을 대표하는 케이팝의
뮤직비디오는 스토리뿐 아니라 미장센과
CG가 적극적으로 추가되어 아트 필름에
가까운 형태로 자리 잡았다. 뮤직비디오
제작 과정을 3단계로 나누고, 위저드
프로덕션 이상민 총괄 디렉터와 김기현
M/V 리더에게 각 과정에 대해 상세히
들었다.

music video

뮤직비디오는 1960년대 TV 방송의
전성기에 탄생했다. 제인 버킨과 세르주
갱스부르 같은 프렌치 팝의 TV 광고
영상으로 등장한 초창기 뮤직비디오는
1980년대에 미국 MTV가 개설되면서
전 세계적으로 폭발적 인기를 누렸다.
이때부터 음악은 듣는 음악에서 보는
음악으로 이동했다. 2009년 6월,
SM엔터테인먼트는 한국 최초로 유튜브
채널을 개설했다. SM의 뮤직비디오를
전 세계 팬에게 가장 빠르고 쉽게 전하기
위해서였다. 그해 7월 동방신기는
도쿄돔 투어를 성사시켰고, 11월에는
아이폰 3GS가 한국에 출시되었다.
그리고 12월에는 유튜브의 뮤직비디오
전용 채널인 베보 Vevo가 설립되었다.
이러한 맥락에서 2025년 현재,
뮤직비디오는 케이팝을 상징하는
콘텐츠로 자리 잡았다.

"SM의 뮤직비디오는 매니지먼트, 퍼포먼스, A&R뿐 아니라 안무가, 디자이너, 뮤직비디오 감독, 촬영감독, 미술감독, 헤어·메이크업 아티스트와 CG 아티스트까지 다수가 연결된 창작물이에요. 담당자는 이 모든 구성 요소와 크리에이티브를 고려해 기획하고 제작 전반을 관리하는 PD 역할을 맡습니다." 이상민 총괄 디렉터

"뮤직비디오는 앨범의 타이틀곡을 가장 잘 보여주기 위한 비디오라고 정의할 수 있어요. 뮤직비디오를 제작하는 데에는 보통 3-6개월이 걸리고, 앨범 목적에 따라 기간과 규모가 달라집니다." 김기현 M/V 리더

뮤직비디오의 기획은 다양한 조건에서 검토된다. 아티스트 연차, 보이 그룹과 걸 그룹, 그룹과 솔로 등의 조건이 고려되고 음악 특성에 따라 목적이 정의된다. 이 과정을 거치면서 가이드라인이 만들어지고, 협업할 뮤직비디오 제작사도 결정된다. 음원 발매일을 기준으로 3-4개월 전에 기획하는 뮤직비디오는 프로덕션 섭외가 완료되면 후반 작업을 1-2개월로 설정하고 촬영에 들어간다. SM 3.0은 사실 이러한 프로덕션 시스템을 포함한 개념이다. 다시 말해 SM의 뮤직비디오는 단 한 명의 프로듀서나 감독이 완성하는 모델이 아니라, 전체 기획 방향과 뚜렷한 목적에 따라 내외부의 다양한 전문 인력이 모여 협업으로 완성하는 예술품에 가깝다.

SM의 5개 프로덕션은 사내 독립 기업(CIC)처럼 각각의 총괄 디렉터가 조직을 이끄는 구조다. 제작의 효율성뿐 아니라 아티스트의 특성에 맞춰 독자적 전략을 짜고 실행 가능하다는 장점이 있다. 바로 이런 구조에서 탄생한 라이즈와 NCT WISH, 그리고 에스파 등은 SM 3.0의 비전을 보여준 팀이라고 할 수 있다.

music video

pre-production

"전체 기획 방향의 핵심은 음악에 있어요. 음악이 강조하는 것이 퍼포먼스인지, 분위기인지, 이미지인지, 혹은 멤버들인지에 따라 디테일이 정해집니다." 김기현 M/V 리더

"뮤직비디오는 단계별·파트별 프로듀서가 모여서 만드는 결과물이에요. 그래서 캐스팅도, 퍼포먼스도, 비주얼도 'SM스럽다'는 얘기를 할 수 있죠. 저는 SM을 프로듀서 집단이자, 프로듀서 육성 시스템이라고 생각해요. 미디어 환경에 맞춰서 이 프로듀싱 시스템이 진화하고 있는 거죠." 이상민 총괄 디렉터

"곡에 따라 추구하는 목표가 달라지기 때문에 프로젝트마다 미션도 달라요. 이러한 우리 미션과 IP를 잘 보여줄 수 있는 역량을 기준으로 뮤직비디오 감독을 섭외하고요. 그 후에 예산과 일정도 정해집니다. 현장의 촬영과 진행은 제작 팀이 책임지고, 저희는 그 과정에서 세세한 부분을 감수하고 감리하는 퀄리티 컨트롤 역할을 맡게 되죠." 이상민 총괄 디렉터

뮤직비디오 촬영 현장은 팽팽한 긴장감으로 가득하다. 뮤직비디오 제작진을 비롯해 숏폼 제작진, 챌린지 촬영 팀, 비하인드 촬영 팀 등 SM과 뮤직비디오 제작사 인원이 100명 이상 모인 장소에서 숏과 컷이 연속적으로 반복된다. 드라마나 영화 촬영 현장과 본질적으로 다르지 않다. 다만 뮤직비디오 특성상 연기보다는 비주얼이나 콘셉트를 구현하는 것이 중요하고, 원 테이크로 찍는 경우도 많다.

현장에서의 촬영 시간은 정해져 있기에 변수를 최소화하는 것이 중요하다. 1~2일의 촬영을 위해 몇 달간 꼼꼼히 기획을 다듬는 이유가 여기에 있다. 로케이션까지 가게 되면 현장에서 챙겨야 할 것은 더 많아진다. SM 프로덕션의 퀄리티 컨트롤은 바로 이러한 변수와 사고를 줄이기 위한 노하우다. 흔히 생각하듯 현장에서 즉석으로 아이디어가 나오고 결정되는 경우는 거의 없다. SM의 강점은 바로 이러한 노하우의 축적이고, SM 프로덕션 담당자는 사실상 뮤직비디오의 프로젝트 매니저(PM) 역할을 맡는다.

"현장에서 아티스트, 비주얼, 퍼포먼스, 연출이 딱 어우러졌을 때의 쾌감이 있어요. 모니터를 보는 모두가 '와 이거는 정말 좋다. 이제 됐다!'라고 느낄 때 짜릿하죠. 라이즈의 'Memories'가 특히 그랬어요. 모든 부분이 너무 잘 맞아떨어져서 모두가 행복했던 촬영이었죠." 김기현 M/V 리더

"사실 퀄리티 컨트롤에는 긍정과 부정의 컨트롤이 있잖아요. 30년 동안 제작 노하우가 쌓였다는 건 네거티브한 컨트롤 상황을 아예 만들지 않는 노하우가 쌓였다는 얘기예요. SM은 사전 기획 단계에서 여러 요소를 깐깐하게 시뮬레이션하는 과정을 거치기 때문에 현장에서는 오히려 별문제 없이 진행되는 경우가 많아요." 이상민 총괄 디렉터

뮤직비디오의 후반 작업에는 편집과 CG, 크레디트 등이 포함된다. 이 단계에서 SM 프로덕션 팀과 제작 팀은 주로 편집과 색 보정 등에 대한 매우 디테일한 피드백을 주고받는다. 다방면에서 높은 퀄리티를 보장하고, 화려한 비주얼의 향연에 눈을 뗄 수 없게 만드는, 흔히 'SM 때깔'이라고 하는 감각이 구현되는 과정이다.

크리에이티브는 사실 경제적 관점에서는 비효율적인 개념이다. 생산성을 높이기 위한 방법론이 적용되지도 않는다. 너무 많이 노출되면 식상하고, 너무 많이 숨겨두면 외면받는다. SM 뮤직비디오의 크리에이티브도 마찬가지다. 신선함과 식상함의 미묘한 차이를 줄타기하면서 감각적인 순간을 만든다. 그 힘은 바로 프로듀서 시스템에 있다. SM은 글로벌 스타를 만드는 시스템으로 알려져 있지만 동시에 A&R, 매니지먼트, 퍼포먼스, 기획의 전문성을 가진 프로듀서를 육성하는 시스템이기도 하다.

post-production

"퍼포먼스의 어떤 부분이 어느 타이밍에 들어가야 하는지, 아티스트의 비주얼은 어떤 컷이 더 좋은지, 그리고 색 보정이나 CG까지 계속 주고받으며 완성도를 높여요. 아티스트를 가장 잘 아는 건 결국 저희니까 그 점을 최대한 반영하죠." 김기현 M/V 리더

"음악과 아티스트를 어떻게 보여줄까? 이게 핵심입니다. SM은 단순히 의상이나 스타일이 아니라 전반적으로 어떤 느낌을 구현하느냐에 상당히 집착하고 오랫동안 투자한 회사예요. 그래서 그 기준이 명확하면서도 매우 높은 거죠." 이상민 총괄 디렉터

production

[악기스토어]

리는 가게의 물건들을 배경으로
배하는 쇼타로.
이 음파에 날린다.

[PC 1]
m ba-doom boom boom bass]

[횡단보도]

#24. 낙원상가 횡단보도에서 퍼포먼스.

[PC 1]
[밴톤] We got that Boom ba-doom on my bass
[[윤석] Boom ba-doom boom boom bass)

[악기스토어]

#25. 베이스에 라인을 꼽는 소희의 CU.

ONE CUT

[악기스토어]

#26-1. 의미심장한 표정의 소희의 CU 립.

[엉망이 된 락스타의 맨션]

#40. 엉망이 된 락스타의 맨션에서
퍼포먼스.

[Chorus 2]
[쇼타로] We making music (Making music)
[소희] Everyday we play

[레스토랑]

#41. 주방에 불이 붙어 모두 도망가는 상황에서
테이블 위에서 춤추는 쇼타로.

[Chorus 2]
[쇼타로] 가볍게 Groovin' ((가)볍게 Groovin')

[악기스토어]

#42. 베이스가 가득 담긴 카트를 타고
난동 상황에서의 사람들과 하이파이브를 하는 소희.

[Chorus 2]
[소희] 느린대로 해

[엉망이 된 락스타의 맨션]

#43. 엉망이 된 락스타의 맨션에서
퍼포먼스.

[Chorus 2]
[쇼타로] Don't stop the music ((Don't) stop

[락스타의 화장실]

#44. 락스타의 가운을 입고,
춤추고 노래하는 소희.

[Chorus 2]
[소희] Hands up on my bass

[엉망이 된 락스타의 맨션]

#45. 엉망이 된 락스타의 맨션에서
퍼포먼스.

[Chorus 2]
[앤톤] 지금부터 Lower, lower, lower
We want that

[락스타의 부엌]

#46. 락스타의 부엌에서 신디사이저를 치며
노래하는 앤톤.

[엉망이 된 락스타의 맨션]

#47. 엉망이 된 락스타의 맨션에서
퍼포먼스.

[PC 2]
[은석] Boom ba-doom boom boom
[성찬] That boom ba-doom boom bo

콘서트는 음악 중심의 종합
엔터테인먼트로 진화 중이다.
공간과 사운드, 영상 콘텐츠, 무대
효과와 관객 인터랙션까지 총체적
경험을 완성하는 SM의 공연
연출·제작 유닛 김경찬 수석과
김명석 책임을 만나 콘서트의
핵심 키워드에 대해 이야기를
나눴다.

"SM은 공연 기획의 자유도가 높은 편이라 크리에이티브에 대한 고민을
많이 합니다. 아티스트에게 가장 잘 어울리는 공연을 만들면서 연출자의
고민도 녹여내는 거죠." 김경찬 수석

"SM 콘서트의 가장 큰 특징은 '보는 음악'이에요. 음악적 재미뿐 아니라
퍼포먼스까지 꽉 채우기 때문에 러닝타임도 3시간 이상으로 길어지죠. 그
자체가 연출적인 챌린지예요." 김명석 책임

concert

SM의 콘서트는 보통 3시간 넘게 진행되며, 공연 내내 아티스트의
퍼포먼스뿐 아니라 VCR 같은 비주얼 요소와 몰입을 높이는 사운드
그리고 응원봉을 통한 인터랙션이 팬들의 오감을 자극한다. 2016년
엑소 공연에서 국내 최초로 좌석별 응원봉 연동과 중앙제어 기능을 사용,
특허를 내며 새로운 기술을 통해 팬들과 함께 생동감 넘치는 공연을 즐기게
되었다. 국내외를 막론하고 케이팝 팬들이 "SM 콘서트가 최고"라고
얘기하는 이유다. 산업적으로도 음악 공연은 점점 중요해지고 있다. 글로벌
컨설팅 기업 PwC는 팬데믹 이후 라이브 음악 시장이 연평균 6.85%
성장해 2026년에는 약 98억7000만 달러 규모의 시장이 될 것으로
예상한다. 이러한 성장 수치는 온라인과 오프라인 규모를 합한 것이다.
팬데믹 이후 콘서트는 온·오프라인에서 동시에 진행하는 게 당연해졌고,
여기에 극장 상영도 있다. 하나의 공연으로 3개 포맷이 가능해진 것이다.
공연을 기획하는 입장에선 여러모로 도전적 상황이지만, 팬 입장에선
다양한 방식으로 공연을 즐길 수 있는 선택지가 늘었다. 핵심은 경험이다.
콘서트는 공간과 사운드뿐 아니라 초대형 스크린의 비디오, 무대 위
퍼포먼스, 관객과의 상호작용이 유기적으로 결합한 종합 엔터테인먼트로
진화하고 있다.

SM의 공연 기획도 협업 구조로 이뤄진다. 아티스트를 비롯해 매니지먼트,
퍼포먼스, A&R, 아티스트별 기획 팀과 연출 팀이 오랜 시간 힘을 합쳐
완성한다. 시작은 리서치다. SM의 연출 팀은 아티스트가 어떤 노래를
얼마나 자주 했는지, 최근 차트 결과와 팬들의 호응은 어땠는지, 팬들이
좋아한 또 다른 곡들의 반응은 어땠는지에 대한 데이터를 가장 먼저
분석한다. 그런 다음 아티스트의 포트폴리오와 인터뷰 내용뿐 아니라
개인적 경험과 이야기까지 조사해 아티스트를 포함한 모든 팀과 공연
무대의 맥락에 필요한 의견을 주고받는다. 이 과정에서 도출한 키워드를
기반으로 내러티브를 짜고, 그 내러티브에 맞는 VCR의 제작 및 연출을
고민하며 공연의 디테일한 구성을 완성한다. 관객이 공연에서 경험하는
무대 공간, 비주얼, 인터랙티브 같은 모든 요소의 기획이 이때 이뤄진다.

SM 공연은 작게는 4000석 규모부터 많게는 6만 석 규모까지 다양한 공간에서 진행된다. 공간의 차이는 다양한 문제를 발생시키는데, 이러한 문제는 제작진에게 도전을 의미한다. 특히 공연장 규모가 클수록 관객과 멀어지는 것은 아티스트의 동선뿐 아니라 소리의 정확한 전달 같은 문제와도 연결된다. SM은 딜레이 스피커 시스템을 자체적으로 구성하거나, 마스터링 엔지니어가 현장을 직접 확인하며 이 문제를 해결한다. "곡을 마스터링한 엔지니어들이 직접 현장에 와서 시그너처 사운드를 체크해요. 이어폰으로 들을 때와 공연장에서 들을 때의 차이를 최대한 줄이려고 노력하는 것이야말로 SM의 강점이죠." 공간을 활용한 연출도 중요하다. 태연과 NCT DREAM의 콘서트에서는 아티스트에게 어울리는 향을 조합해 사용했고, NCT 127의 '신기루' 무대와 라이즈의 'Combo' 무대에서는 거대한 천을 활용해 인상 깊은 순간을 연출함으로써 관객의 큰 호응을 얻었다. 아티스트의 얼굴이 보이지 않는다는 점에서

실험적 도전이었지만, 보다 창의적이고 고차원적인 무대연출에 호응해준 팬들의 의견을 모니터링하며 디테일을 완성했다. 김경찬 수석은 이에 대해 "공연 연출은 결국 창의성과 서비스가 균형을 찾아야 하는 과정"이라고 언급했다. 월드 투어의 경우, 현지 제도나 정책도 문제가 된다. 안전 기준과 소음 기준 등이 한국과 다르기 때문이다. 그래서 사전 조사를 꼼꼼히 진행하고 현지 팀과 소통하며 지역별 맞춤형 아이템도 추가한다. 현장 공간의 제약을 개선하기 위해 조명 무게, 무대 높이, 스크린 사이즈 설계를 세밀하게 변경하기도 한다. "한국 공연이 정답을 찾는 과정이라면, 해외 공연은 정답을 맞혀가는 과정이라고 할 수 있어요. 100점짜리 기획을 가져가면 80점만 실현할 수 있는 환경인 거죠. 그래서 해외 투어는 현지 팬들에 대한 고려가 더 중요한 것 같습니다."

visual

SM 콘서트의 중요한 특징 중 하나는 공연에서만 볼 수 있는 영상이다. 공연 중 아티스트의 콘셉트나 음악과 매치된 영상을 상영한다. NCT 127의 'NEO CITY-THE UNITY' 콘서트는 영화 <매트릭스>의 세계관을 가져와 하나의 콘셉트로 영상, 세트리스트, 무대연출을 완성했다. 물론 영상뿐 아니라 아티스트의 퍼포먼스, 동선과 의상까지 다양한 시각 요소로 공연을 감각적으로 만든다. 최근 국내외 콘서트는 스크린도 화질도 점점 고사양으로 바뀌고 있다. 카메라는 물론 영상 촬영을 위한 협업 구조도 중요해진 것이다. "단순히 16:9 영상을 찍는 게 아니고, 왜 이걸 찍어야 하는지 먼저 정리해요. LED를 꽉 채우기로 정했다면 촬영감독과 협의하고, 실제 아티스트와 영상이 연동되는 느낌이 필요하다면 연출·A&R·퍼포먼스·매니지먼트 팀이 모두 협의하죠. 결국 아티스트와 제일 많이 상의하는 편이에요." SM은 초기부터 공연 영상을 특히 중시했다. 팬이라면 반드시 공연 현장에서만 경험할 수 있는

체험을 기대한다. 유튜브에서도 볼 수 있는 라이브 무대를 뛰어넘어 현장에 온 사람만 공감할 수 있는 경험을 만들기 위해 SM의 콘서트는 '종합 엔터테인먼트'를 지향한다. 영상에 대한 고민은 팬데믹을 겪으며 더 심화되었다. 온라인 콘서트라는 환경은 카메라 앵글 사이즈를 숙고하는 미션으로 이어졌고, 팬데믹이 끝난 뒤에는 온·오프라인 동시 공연이라는 챌린지로 확장되었다. "강박적으로 카메라 앵글 사이즈를 의식하던 시절이 끝나고, 무대 감각을 되찾는 게 힘들었다"는 김명석 책임의 말에 김경찬 수석은 "앞으로 아티스트를 대변하는 것은 무대의 오라가 될 것"이라고 조언한다. "초창기에 SM은 무대에서 모든 걸 다 보여준 것 같아요. 그런데 이제는 뭘 보여줄지 선택해야 한다고 봐요. 세계관, 콘셉트 등 각각의 아티스트가 지닌 내러티브가 점점 더 강화되고 다양해진 만큼 보다 다채로운 신을 고민하게 됩니다."

interactive

공연장에서 다 함께 빛나는 응원봉은 팬들을 하나로 연결하는 가장 기본 장치다. 기술이 아티스트와 팬의 교감을 연결하는 것이다. 이러한 기술적 지원은 공연을 더욱 공감각적으로 만들고, 팬이 콘서트에 직접 참여하게끔 하는 통로이기도 하다. 그 과정에서 다양한 분야의 레퍼런스를 찾는 것도 연출자의 몫이다. 태용의 첫 솔로 콘서트 'TY TRACK'은 레이저 조명과 와이어를 활용해 어디서도 보지 못한 무대를 선보였다. 이를 위해 김경찬 수석은 과거에 일반적으로 쓰던 와이어 연출을 재현했다. "옛날에는 흔하던 것이 지금은 오히려 새롭게 느껴지는 게 재미있어요. 세상에 존재하지 않던 걸 만드는 것보다 시대와 환경에 맞게 익숙한 걸 새롭게 보여주는 것도 크리에이티브의 몫이니까요. 팬 서비스 영역으로만 치부하지 않고, 아티스트와 음악이라는 본질을 계속 탐구하는 게 저희의 일이겠죠."

기술이 발달하고 미디어 환경도 급변했지만, 모든 연출의 핵심은 음악에 있다. 콘셉트나 내러티브 등 장면에 담기는 모든 요소를 공연 세트리스트에 맞춰 설계하고 불꽃이나 안개, 레이저 조명, 응원봉 제어 같은 특수 효과도 멜로디나 음악 흐름을 기반으로 연출한다. 연출자 관점에서 인터랙션은 단지 기술을 통해서만 가능한 것이 아니다. 김명석 책임은 가장 강력한 인터랙션으로 싱얼롱 sing-along 구간을 꼽는다. "노래를 함께 부를 때 팬들과 아티스트는 진정으로 하나가 되거든요." 그의 대답에서도 SM 콘서트의 핵심 요소를 들여다볼 수 있다. 이 음악을 어떻게 무대에서 잘 표현할 수 있을까? 어떻게 하면 이 음악을 팬들의 경험으로 확장할 수 있을까? 이런 질문이 바로 SM 콘서트의 디테일을 완성하는 비밀이다.

future-oriented

SM엔터테인먼트는 이미 오래전부터 리얼 월드와 디지털 월드를 넘나들며 아티스트가 활발하게 활동할 시대가 열릴 것을 예견했다.
IP를 둘러싼 움직임이 분야별로 서로 얽히고 결합하며 확장되는 현시점에서 SM은 차세대 비즈니스로 슈퍼 IP 개발을 위한 버추얼 아티스트에 집중한다.
SM 버추얼 IP 센터장으로 나이비스 콘텐츠 사업을 총괄하는 박준영 CCO(Chief Creative Officer)는 30년 동안 구축해온 SM의 웰메이드 콘텐츠
기획 노하우와 스토리텔링, 신기술을 융합해 장기적 관점으로 새로운 케이팝 문화를 만들고 있다. 에디터 이은경

nævis is coming
to the Real World

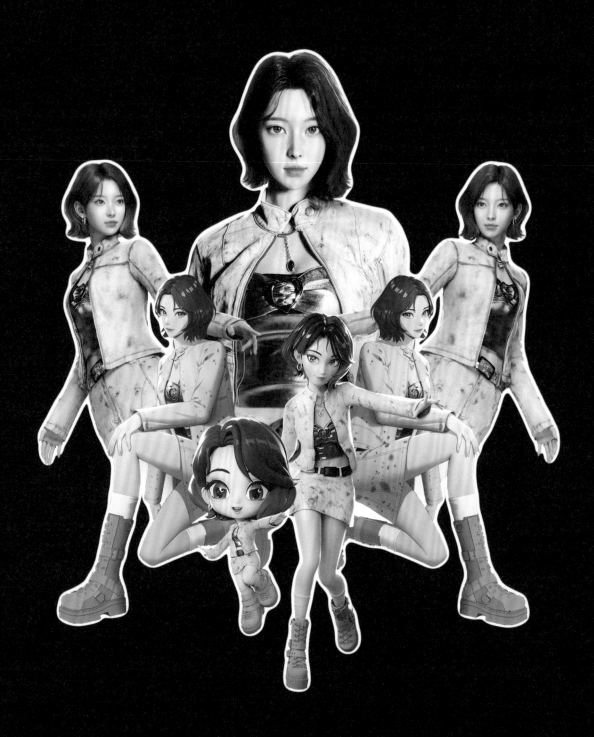

FUTURE-ORIENTED

1
콘텐츠 IP 확장
엔터테인먼트 산업의 지속 가능성을 위한 솔루션

"버추얼 IP 센터는 30년 동안 축적한 SM엔터테인먼트의 업력을 바탕으로 우리가 가장 잘할 수 있는 일을 모색합니다. 새로운 형태의 콘텐츠를 개발·생산하는 프로젝트는 전방위적 감각과 기술, 우리의 노하우를 집결해 빌드업하는 과정이 담긴 장기 프로젝트죠. 리쿱 recoup(회복 만회)의 시기같이 숫자나 회계적으로 접근하는 것이 아닌, 지속적 개발과 공감 포인트를 콘텐츠화하는 작업을 통해 브랜드 IP의 밸류를 지속적으로 향상시켜 디즈니 캐릭터처럼 시간이 흐른 뒤에도 사랑받는 콘텐츠 IP를 창출하는 것이 목표입니다."

2023년 향후 50년을 바라보는 미래 전략인 SM 3.0 시대를 열며 신설한 '버추얼 IP 센터'는 SM의 첫 버추얼 아티스트인 나이비스 프로젝트를 비롯해 새로운 IP(Intellectual Property, 지식재산권) 개발을 위해 결속한 크리에이티브 집단이다. 국내외 콘텐츠 산업 규모가 커지며 IP는 콘텐츠를 기반으로 한 다양한 장르적 확산과 부가 사업을 가능케 하며, 디지털 환경에서 여러 플랫폼을 통해 2차적으로 활용될 가능성이 높아졌다. SM이 잘 만든 오리지널 콘텐츠 격인 IP에 주목하는 이유도 여기에 있다. 모든 콘텐츠의 구심점이 되는 IP는 소설과 영화, 만화, 게임, 캐릭터 제품 등 여러 미디어를 통해 상품화될 수 있어 '콘텐츠 프랜차이즈'를 위한 원천이 된다. 케이팝 시장에서 음악과 아티스트는 곧 하나의 IP로 통한다. SM 역시 음악 활동 외에도 소속 아티스트 IP를 활용한 캐릭터 개발을 활발히 진행하고 있다. 웹툰과 웹 소설 같은 서사적 콘텐츠는 물론, 동시대 미래 성장 동력 중 하나인 메타버스라는 가상 세계 속 아바타와 인형 및 굿즈 등 매체 역시 다양하다. 버추얼 IP 센터는 SM의 레거시를 이어갈 수 있는 '지속 가능성'에 중점을 두고 사업을 펼친다. 그 해답은 버추얼 아티스트다.

단순히 상업성에만 국한하기보다 30년 역사를 관통하고, 팬들의 공감 코드를 찾아 SM만이 할 수 있는, SM다운 감성적 IP를 장기적 관점으로 창조하기 위해서다. 버추얼 아티스트는 시공간의 제약 없이 글로벌 시장에서 활동 가능하며, 엔터테인먼트 산업에서 불가능하게 여기던 영속성 또한 보장받는 새로운 포맷이다. 앞으로의 엔터테인먼트 산업을 이끌어갈 핵심 요소 중 하나인 메타버스와 결합하면서도 스토리텔링을 기반으로 음악과 퍼포먼스 그리고 다양한 콘텐츠를 혼합해 SM만의 감각적이고 다채로운 즐길 거리를 만드는 과정은 엔터테인먼트 산업의 지속 가능성을 위한 모색이기도 하다.

2
세계관
슈퍼 IP 탄생의 토대

케이팝 시장에서 세계관은 이제 익숙한 개념이다. '서사적 설정'은 아티스트 콘텐츠의 구심점이자 성장과 스펙트럼 확장을 위한 원동력이 된다. 세계관이라는 개념을 아티스트에게 최초로 주입한 것은 SM이다. 곡 단위로 트렌디한 안무와 패션, 비주얼에 변화를 주는 '콘셉트 아이돌'을 통해 사업적 영위를 이어오던 시기에 그보다 한 걸음 더 나아가 아티스트에게 환상성의 층위를 쌓아 올리고자 스토리텔링에 집중한 서사를 구성했다. 세계관은 새로운 형태의 문화 기술이었다. 영화사나 출판사처럼 이야기를 만드는 집단은 아니지만, SM은 작가들과 협업해 스토리 라인을 짜고, 이를 통해 새로운 IP를 구축했다. 그 결과 거대하게 얽힌 서사를 파악하기 위한 '세계관 공부'는 새로운 놀이 문화를 형성했다. 각 아티스트의 세계관을 제대로 이해하기 위해 뮤직비디오와 자체 제작한 영상물,

"세계관 설정에서 가장 중요한 것은 팬들의 공감입니다. 아무리 복잡한 이야기라도 팬들의 공감을 얻는다면 그 이야기는 새로운 스토리텔링을 낳는 기반이 되죠. 여러 장치와 세계관의 연결 고리를 풀어가는 과정은 '우리만 아는 이야기'처럼 팬덤을 더욱 공고하게 만들어줍니다. 새로운 단서가 등장할 때마다 팬들은 이전 이야기와의 개연성을 발견하며, 아티스트의 활동에 더 깊이 빠져들게 되고, 또 하나의 놀이 문화를 만들어갑니다."

THE FUTURE

팝업 스토어는 물론 웹툰과 드라마, 모바일 게임까지 챙겨서 보며 새로운 세계관 콘텐츠가 등장할 때마다 팬들은 아티스트의 활동에 더 깊이 빠져들었다. 이렇듯 세계관은 아티스트 IP를 기반으로 다양한 사업을 가능하게 하는 일종의 레퍼런스이기도 하다. 그 본격적 시작은 2012년 데뷔한 엑소다. 태양계 외행성인 엑소플래닛에서 온 이들은 데뷔 때부터 각 멤버마다 초능력 캐릭터를 부여받았다. 우주를 배경으로 한 엑소의 세계관은 웅장하면서도 디테일하게 설계돼 단순한 콘셉트를 넘어섰다. 또한 평행 세계에서 탄생해 태생부터 2개로 분리된 팀이라는 콘셉트로 한국에서 활동하는 엑소-K와 중화권 중심의 엑소-M이 데뷔하며, 하나의 그룹이 흩어지고 함께하는 모든 활동에서 자유로워졌다. SM의 세계관 전략은 케이팝의 흐름을 바꿔놓을 만큼 사업적으로도, 콘텐츠적으로도 성공했다. 이제는 세계관의 확장을 좇기보다 견고한 뿌리를 두고 세심하게 가지를 치며 발전하고 있다.

3
버추얼 아티스트
리얼 월드로 온 나이비스

세계관에 큰 족적을 남긴 그룹이 엑소라면, 'SM 컬처 유니버스'의 포문을 연 것은 에스파다. 그리고 에스파와 나이비스는 동일한 배경을 공유한다. SM은 2017년부터 버추얼 아티스트라는 개념에 관심을 갖고 처음 R&D 프로젝트를 시작했다. 마침 산업과 시대 트렌드가 메타버스로 이동하던 시점이었고, 디지털과 현실을 넘나드는 개념과

아이(æ)라는 아바타를 스토리텔링에 부여한 콘텐츠를 선보인 것이다. 그렇게 2020년 SM은 새로운 걸 그룹 에스파를 공개했고, 에스파는 4명의 멤버와 그들의 아바타인 아이-에스파(æ-aespa)로 이뤄진 독특한 세계관을 지닌 그룹으로 눈길을 끌었다. 나이비스는 에스파의 세계관 스토리에서 리얼 월드와 디지털 월드를 오가는 포스(P.O.S)를 여는 능력을 통해 네 멤버를 도와주는 조력자 캐릭터로 처음 등장했다. 에스파의 메가 히트곡 'Next Level'을 비롯해 여러 곡의 가사에 등장했고, 세 번째 미니 앨범 <MY WORLD>의 수록곡 'Welcome To My World'에 피처링으로 참여하며 목소리를 공개했다. 2024년 6월에는 에스파의 두 번째 단독 콘서트에 깜짝 등장하며 화제를 모았다.

"나이비스는 수없이 많은 시행착오와 집단 지성이 만나 오랜 시간 다듬어낸 결과물입니다. 첫 버추얼 아티스트인 만큼 데뷔곡에 대한 고민도 컸는데, 한 번에 이목을 집중시키는 기존 공식에서 벗어나 대중에게 나이비스를 각인시키고 공감할 수 있는 콘텐츠로 다가가는 것에 중점을 뒀습니다. 준비한 나이비스의 이야기와 음악을 하나씩 순차적으로 선보이고, 이러한 콘텐츠들이 팬과 대중에게 공감대를 차곡차곡 형성해가면서 소비된다면 나이비스의 IP적 가치는 폭발적으로 성장하고 확장될 것입니다. 그렇기에 앞으로가 더 기대되는 아티스트인 셈이죠."

서브컬처의 진화 - 가상과 현실을 구분 짓지 않는 대중의 등장

통상 캐릭터 산업에서 슈퍼 IP는 스토리 콘텐츠에서 탄생했지만, 일본의 유명 버추얼 아이돌인 하츠네 미쿠는 보컬 음성 합성 소프트웨어의 캐릭터로 등장한 뒤 음원 활동을 시작해 캐릭터 상품 판매, TV 광고 출연 등을 통해 큰 인기를 누리고 있다. 이러한 버추얼 슈퍼스타의 탄생은 애니메이션 강국인 일본만의 독특한 문화가 아닌, 가상과 현실을 구분 짓지 않고 자연스럽게 받아들이는 잘파 세대의 등장과 함께 디지털 문화에 대한 소비의 격차를 좁히고 있는 것이다. 그리고 이들은 버추얼 아티스트를 바라보는 마음가짐도

"도쿄돔 공연은 인기의 척도인 만큼, 버추얼 아이돌의 도쿄돔 콘서트 매진이 얼마나 대단한지 알 수 있는 대목이죠. 이제 한국에서도 그러한 문화적 소비의 움직임이 있고, 해외 진출을 생각하는 우리가 음악을 잘 만드는 회사로서 더욱 버추얼 아티스트 시장에 진출해야 한다고 생각했습니다."

굉장히 열려 있다. 좋아하는 대상이 캐릭터라는 것에 거부감이 없는 대중문화가 정착되면서 서브컬처로 여기던 캐릭터 시장은 더 이상 소수의 문화가 아니다. 국내 버추얼 아이돌 그룹의 인기 또한 변화된 시장성을 방증한다. 지상파 음악 방송 1위에 등극하는가 하면, 전체 발매곡 기준 누적 스트리밍이 10억 회를 돌파하며 인기를 입증했다.

스토리텔링 - 새로운 즐길 거리를 만드는 공감의 힘

SM 아티스트의 세계관이 우주로 향해 있다면, 나이비스는 그와 반대다. 첫 데뷔곡 'Done'을 선보이기 전 유튜브 공식 채널과 SNS에는 총 다섯 편의 '나이비스 오리진 스토리'가 업로드됐다. 1998년 PC 통신 시절, 리얼 월드에 사는 하나라는 아이와 무형의 빛 형태이던 A1이 우연히 채팅방을 통해 접속하면서 A1은 하나가 들려주는 음악 멜로디와 가사, 하나와의 공감 등을 통해 인간에 대한 이해와 감정을 학습하게 된다. 이후 온라인상의 수많은 데이터를 통해 인간의 여러 모습을 알게 되지만, 하나와 쌓아온 소중한 감정을 그리워하며, 진심으로 이어진 존재를 찾아 그들의 세계, 즉 리얼 월드로 나아가고 싶어 하는 이야기가 담겨 있다. 나이비스가 에스파 세계관에 등장하기 전, 주요 과거 서사를 간결하면서도 임팩트 있게 제작한 애니메이션은 다양한 연령대의 대중이 버추얼 아티스트에 공감하도록 만든 스토리가 인상적이다. 영상에 등장하는 곡 H.O.T.의 '빛'은 나이비스의 성장 배경에 SM의 음악적 유산이 녹아 있다는 점을 암시한다. 또 다른 티저 영상 'The Birth of nævis'는 리얼 월드로 온 나이비스가 디지털 존재에서 육체를 얻고 새롭게 탄생하는 모습을 생생하게 그려냈다. 이처럼 나이비스의 세계관을 연결하는 콘텐츠들은 '디지털 월드에 살던 아이-에스파가 현실로 온다면 어떨까'에 대한 화두를 끊임없이 던진 끝에 완성된 이야기다. 나이비스는 디지털 월드에서 궁금해하던 리얼 월드의 일상을 배우고, 즐기는 중이다.

플렉시블 - 확고한 브랜드 아이덴티티

나이비스의 캐릭터는 하나로 고정돼 있지 않다. 'Done' 뮤직비디오만 보더라도 사람과 흡사한 얼굴과 움직임을 보여주는 리얼 버전을 비롯해 애니메이션 특유의 화풍이 느껴지는 캐릭터, 스마트폰 게임 속 귀여운 아바타 등 2D와 3D 캐릭터가 자유롭게

전환하며 여러 버전의 모습을 볼 수 있다. 나이비스는 기획 단계부터 언제든 변할 수 있는 '플렉시블'을 대전제로 캐릭터를 발전시켰다. 슈퍼히어로로, 메가 캐릭터 역시 시대적 상황과 트렌드에 맞춰 형태가 변한다. 나이비스의 정체성은 디지털 월드를 연상시키는 대표 컬러 블루다. 파란 머리와 파란 눈을 중심으로 다양한 화풍의 나이비스 캐릭터가 만들어졌다. 뮤직비디오를 통해 공개된 5개 캐릭터 외에도 앞으로 새로운 나이비스를 하나하나 선보일 예정이다. 나이비스의 특징을 단번에 인식한다면 그 존재는 곧 슈퍼 IP로 거듭날 수 있는 힘을 가진다. 새로운 형태의 버추얼 아티스트가 등장하며 기술력에 대한 관심도 높다. 매일매일 다르게 발전하는 기술은 영원하지도, 독점적일 수도 없다는 관점에서 SM은 "기술은 시대의 콘텐츠를 표현하는 도구"일 뿐이라고 말한다. 버추얼 아티스트에 대한 대중의 흡수력이 매우 높아진 지금, 기술 안에서 감동을 만들어내는 웰메이드 콘텐츠의 가치는 더 중요하다.

"나이비스는 '감성적인 AI'예요. 아직 리얼 월드에 적응 중이라 여러 시행착오를 겪고 있어 부족한 모습이 귀엽기도 하고 우습기도 하죠. 하지만 딥 러닝을 통해 인간의 미세한 취향 차이까지도 이해할 날이 올 거예요. 이런 과정을 지켜보며 나이비스의 성장을 응원하는 동시에 여러 콘텐츠를 통해 팬들도 새로운 정보를 습득할 수 있겠죠."

"다양한 버전으로 캐릭터화한 것은 초기 기획 단계부터 구상한 방향성이었습니다. 오랜 시간 동안 인기를 지속적으로 누리는 캐릭터를 분석한 결과, 지금의 콘텐츠 시장에서 변주된 캐릭터 사이의 닮은 정도는 중요하지 않았어요. 오히려 캐릭터가 지닌 힘, 브랜드 아이덴티티가 확고하다면 각각의 모습이 달라도 하나의 캐릭터로 인식하도록 시장이 변화한 겁니다."

new rules

쉴 새 없이 업로드되는 자체 콘텐츠, 컴백 때마다 열리는 팝업 스토어까지, 팬의 하루는 아티스트만큼이나 바쁘다. SM엔터테인먼트 역시 여러 플랫폼에서 올라오는 팬들의 반응을 모니터링하며 그들의 니즈를 반영하는 것은 물론 아티스트를 통해 결집하고 놀 수 있는 문화를 만들기 위해 다채로운 굿즈와 콘텐츠를 제작하고 있다. NCT, 에스파, 라이즈까지 SM의 3세대 이후 아티스트 팬들에게 물었다. "요즘 덕질 어떻게 하세요?" 에디터 한동은 포토그래퍼 맹민화

좋아한 아티스트 연대기 동방신기, 소녀시대, NCT 127. **가장 아끼는 굿즈** 음원봄(사각 모양의 NCT 응원봉을 부르는 별칭)에는 내가 갔던 모든 콘서트와 행사의 추억이 조각처럼 새겨져 있다. 같은 봉을 든 사람들끼리 감정을 공유한다는 느낌도 좋다. **최애곡** '사랑한다는 말의 뜻을 알아가자'. 곡과 함께 공개된 트랙 비디오를 특히 좋아한다. **버블** NCT 127 버블이 오픈했을 때부터 지금까지 쭉 구독 중이다. 아티스트와 팬이 늘 서로를 응원한다는 것을 느끼게 해주는 좋은 매개체라고 생각한다. **자체 콘텐츠** 피곤한 출퇴근길에 자체 콘텐츠를 시청하는 것은 지하철 타는 시간을 즐겁게 만들어준다. 아티스트와 팬만이 이해할 수 있는 밈이 생기는 게 흥미롭기도 하다. **키링** 도영 솔로 콘서트 키링을 가방에 달았다. 최애의 미니미와 늘 함께한다는 느낌에 보고 있으면 기분이 좋아진다. 길에서 마주치는 다른 시즈니(NCTzen의 별칭)들이 알아봐주길 바라는 마음도 있다. **팝업 스토어** '삐그덕 팝업 스토어에 방문해 랜덤 트레카(트레이딩 카드)를 구매했다. 공식 굿즈는 실용성이 없다는 인식과 달리 가방이나 모자 등 생각보다 트렌디하고 활용도 높은 굿즈가 많아서 좋았다. 팝업은 앨범의 콘셉트를 피부로 느낄 수 있는 공간인 것 같다. 멤버들이 방문 흔적을 남겨두니 성지순례한다는 생각도 든다. **덕질에 들이는 시간** 일하고 잠자고 먹는 시간 제외 전부. **나에게 NCT 127이란** 바다. 서로 멀리 떨어져 있지만, 늘 곁에 있는 가까운 존재다. 그들에게 안 좋은 일이 생기면 그 파도가 너무 커서 덩달아 휩쓸리기도 하지만, 언제 봐도 아름답다. - 이현정

NCT 127 with NCTzen 127

NCT DREAM with NCTzen DREAM

좋아한 아티스트 연대기 빅뱅, 빅스, NCT U, NCT DREAM. **가장 아끼는 굿즈** 요드링. NCT DREAM과 팬의 우정 링이다. 멤버들이 직접 디자인했고, 실제로 자주 착용하는 모습을 보여줘 더 의미가 깊다. 두 번째는 음원봄으로 최근 여의도 집회에도 함께했다. 여러모로 인생에 빛이 필요한 모든 순간에 함께하는 굿즈라는 생각이 들어 더 소중하다. 음원봄 신버전은 응원봉 안이 비어 있는 디자인으로 작은 인형을 넣어 꾸몄다. **최애곡** 'Hello Future'. 뭐든 새로 시작할 수 있을 것만 같은 곡이다. NCT DREAM을 가장 잘 설명하는 노래. **버블** 일곱 명 모두 구독 중이다. 지칠 때 들여다보는 일상의 충전기 같다. **팝업 스토어** 컴백에 맞는 새로운 콘셉트의 멤버들 모습을 보고, 관련 굿즈를 구매하기 위해 방문한다. 마케팅 업계에 재직 중인데, 새로운 기술이나 굿즈 트렌드를 파악하기 위해 가기도 한다. 가장 좋았던 건 '드림 바이브' 팝업. 다양한 체험을 하기 위한 고민이 느껴져서 좋았다. SM 팝업은 트렌드를 빠르게 적용하거나 새로운 시도를 하는 경우가 많다. **덕질에 들이는 시간** 콘서트나 앨범 발매 등 이벤트 유무에 따라 변동이 크지만, 매일 일상의 작은 틈을 아주 촘촘히 들이고 있다. **과거와 요즘 팬 문화의 차이점** 서로의 존중이 더 커졌다. 팬은 아티스트의 사생활을 존중하고자 하고, 소속사는 팬들의 개선 요구를 들으려고 노력하는 문화가 생긴 듯. 여러 버전으로 나오는 앨범, 포토 카드, 팝업, 버블까지 팬 문화가 소비 중심 문화로 변화한 점은 아쉽게 생각한다. **나에게 NCT DREAM이란** 가장 가까운 마음을 나누는 친구. 긴 시간 동안 고민과 성장, 슬픔과 기쁨을 함께 나눠온 소중한 친구다. - 황지연

WayV with WayZenNi

좋아한 아티스트 연대기 동방신기, 샤이니, 갓세븐, WayV. **가장 아끼는 굿즈** 행복했던 모든 덕질에 함께한 대파봉(응원봉의 V 모양이 대파 줄기를 닮아 붙은 별칭)과 <假日(휴일)> 포토 북. 오리지널 버전 대파봉은 단종되어 더 소중하다. <假日> 포토 북은 멤버별로 출시되었는데, 도저히 한 명만 고를 수 없어 모든 멤버 버전을 전부 구매했다. 그때부터 모든 멤버 버전의 굿즈를 구입하는 습관이 생겼다. 앨범 중에서는 <Take Over The Moon>. 앨범 구성이 아트 북처럼 아름다워서 실물로 봤을 때 놀란 기억이 있다. **최애곡 'Love Talk'**는 내 입덕 곡이다. 우연히 추천 재생 목록에 들어온 이 곡을 들었는데, WayV 목소리에 번개 맞은 듯 찌릿함을 느꼈다. **버블** 2020년부터 지금까지 전원 구독 중이다. 멤버들의 속마음을 그들의 생생한 말투를 통해 직접 느낄 수 있어서 좋다. **키링** 텐이 직접 디자인하고 작명까지 한 인형 '까눌레'를 텐의 분신처럼 생각하며 늘 함께한다. **자체 콘텐츠** WayV는 가상의 캐릭터를 정해 상황극을 연출하는 자체 콘텐츠가 많다. 특히 새로운 앨범 콘셉트와 연관 지어 캐릭터를 설정한 콘텐츠 'Phantom Theif'를 재밌게 봤다. 사실 매력적인 기획이 담긴 연출도 좋지만, 멤버들의 자연스러운 모습을 많이 볼 수 있는 콘텐츠를 더 선호한다. **덕질에 들이는 시간** 일하고 자는 시간 제외하고 하루 3분의 1 정도는 덕질에 쓴다. **과거와 요즘 팬 문화의 차이점** 덕질과 관련한 모든 것에 개성과 애정을 담아 꾸미는 행위들. 노래나 앨범 등에서 영감을 받아 직접 리디자인하거나, 응원봉과 포토 카드를 꾸미고, 이를 거리낌 없이 공유한다. 이런 2차 창작을 통해 팬 사이 연대감을 쌓는다. **나에게 WayV란** 나의 세계이며, 내 마음의 집. – 소지은

좋아한 아티스트 연대기 B1A4, 비스트, 레드벨벳, 여자 SM ROOKIES, 에스파. **가장 아끼는 굿즈** 'Oh! Caendy Pocket' 굿즈. 당시 <NEXT LEVEL>, <Savage> 등 강한 콘셉트로 활동하던 에스파가 기존과는 다른 귀여운 굿즈를 출시해 정말 좋아한 기억이 있다. **최애곡** 'Girls'. 에스파의 세계관이 듬뿍 담긴 콘셉트를 좋아한다. 늘 SMCU의 다음 챕터를 기다리게 된다. **자체 콘텐츠** 에스파가 '촌캉스'를 떠나 직접 불 피우고 밥해 먹으며 까르르 좋아하는 자체 콘텐츠를 보며 행복했다. 무대에서는 카리스마 넘치지만, 팬들은 이런 소녀 같고 친구 같은 모습을 더 좋아하는 것 같다. **버블** 데뷔 팬으로서 데뷔한 순간부터 에스파의 버블이 개설되기만 기다렸다. 멤버들이 버블에만 미공개 셀카들을 올려주곤 해서 매달 기꺼이 자동 결제 중이다. 특히 카리나는 스케줄이 끝날 때마다 거의 매번 버블에 접속해 자신의 하루를 공유하는데, 팬들과 친구처럼 친근하면서 털털하게 대화를 나눈다. 친구 중 한 명은 마이가 아닌데도 재미있다며 카리나 버블을 결제했다. **팝업 스토어** MD를 직접 보고 바로 구입하고 싶어서 팝업 스토어에 간다. 보통 컴백과 동시에 팝업을 여는 경우가 많아서, 이번 활동에 대한 기대감과 설렘을 느낄 수도 있다. **과거와 요즘 팬 문화의 차이점** 포토 카드와 인형 같은 특정 굿즈들. 회사에서도 아티스트 공식 인형을 출시하는 게 당연해졌다. 세계관 역시 요즘 팬 문화의 특징이다. 독특한 콘셉트도 찰떡같이 소화해내는 에스파를 보며 매번 감탄한다. 뮤직비디오가 공개되면 세계관과 관련해 숨어 있는 의미들을 해석하는 영상과 글이 순식간에 업로드되는데, 이런 이야기들을 서로 추측하고 토론하는 문화도 재미있다. **나에게 에스파란** 나를 세상으로 꺼내준 존재다. 에스파의 공방, 콘서트, 팝업, 생일 카페에 가려고 밖으로 나서게 된다. 덕질하기 위해 돈도 벌고 마음도 다잡는다. 에스파는 내 삶의 원동력이자 롤 모델이다. – 박하나

aespa with MY

RIIZE with BRIIZE

좋아한 아티스트 연대기 동방신기, 엑소, NCT 127, 샤이니, 라이즈. **가장 아끼는 굿즈** 'RIIZE: ON THE SING STREET' 팝업에서 구매한 엽서 세트. 필름 카메라로 찍은 사진으로 구성해 자연스러운 분위기여서 좋다. **최애곡** 'Honestly'. 개인적으로 콘서트는 어떤 한 무대가 뚜렷하게 기억에 남고, 계속 돌려보고 싶고, 그 무대가 또 보고 싶어서 다음 콘서트에도 가고 싶다고 느끼면 성공했다고 생각하는데, 라이즈 팬콘 투어에서 그렇게 느낀 무대가 'Honestly'였다. **키링** 디자인부터 이름까지 라이즈가 직접 인형 제작에 참여했다는 점이 마음에 든다. 덕분에 인형에 각자의 개성이 듬뿍 담겼다. **자체 콘텐츠** 사실 자체 콘텐츠를 통해 라이즈에 제대로 입덕했다. 시크하게 생긴 원빈이 사투리 쓰면서 신나게 보드게임을 즐기는 모습을 보고 빠져들었다. 이렇게 게임하거나 여행을 가는 콘텐츠가 팬들 사이에서는 더 반응이 좋다. 멤버들이 쉬고 놀며 힐링하는 모습을 보고 싶은 것이 팬의 마음이 아닐까? **덕질에 들이는 시간** 출근길과 퇴근길, 퇴근 후 1시간 정도. **과거와 요즘 팬 문화의 차이점** 실시간 소통 창구가 많아졌다는 점. 팬들이 불만이 있으면 꽤 강력하게 표출하고, 아티스트도 그에 대해 바로 대응하는 것이 놀랍기도 하고 긍정적으로 생각한다. 케이팝과 팬 문화에 대해 한층 높아진 의식과 마음으로 팬들이 자체 모임을 꾸리는 경우도 있다. 나 역시 케이팝 역사를 돌아보며 건져 올린 문제의식에 대해 토론하고 해결 방안을 모색하는 '케이팝 하는 여자들'을 운영 중이다. **나에게 라이즈란** 하루의 큰 위안과 기대. 무대마다 스스로를 피드백하고, 어떻게 하면 더 나아질 수 있는지 고민하는 점이 같은 직업인으로서 영감이 되기도 한다. - 박유진

NCT WISH with NCTzen WISH

좋아한 아티스트 연대기 동방신기, 샤이니, NCT 127, NCT DREAM, NCT WISH. **가장 아끼는 굿즈** 인형 키링 '위츄'로 출시한 음반 <WISH>. 전국 투어 팬 미팅에 참석하기 위해 처음 가보는 지역에서 길을 헤매고 있을 때 가방에 위츄를 단 분들을 쫓아가다 보니 공연장이 나와 한참 웃었던 기억이 있다. **최애곡** 'Steady'는 사랑의 시작을 그리는 동시에 짙은 애수가 느껴져 NCT의 마지막이자 새로운 시작인 그룹다운 낭만적 행보라는 생각이 들었다. **자체 콘텐츠** NCT WISH의 자체 콘텐츠는 평소 멤버들이 언급한 것들, 팬들 사이에서 밈으로 떠돈 것들이 아이템으로 반영되는 경우가 많아서 좋다. 팬과 아티스트 그리고 회사가 함께 만들어가는 느낌이 든다. **팝업 스토어** 포토 부스, 네임 스티커 출력 머신 등이 있어서 직접 체험하며 놀 수도 있고, 뮤직비디오나 앨범 세트를 그대로 구현해 사진 찍기도 좋았다. 7시간 기다렸는데 너무 즐거워서 시간이 아깝지 않았다. **과거와 요즘 팬 문화의 차이점** 모양새가 바뀌었을 뿐 팬 문화의 근본은 변하지 않았다. 다음 카페에서 웹사이트로, 다시 트위터로 이동했지만, 같은 아이돌을 좋아하는 사람끼리 모이는 근간에는 즐거움과 애정이 있으니까. '팬 띠'를 출력해 볼펜에 감는 마음이나 포토 카드를 모으는 마음도 같다고 생각한다. 다만 팬 활동에 더 많은 돈이 들고, 그로 인해 팬덤이 폐쇄적으로 변해가는 것은 염려된다. 누나 팬이지만 아이돌은 기본적으로 10대들의 또래 문화여야 한다는 생각이 있기 때문이다. **나에게 NCT WISH란** 나도 모르고 있던 감정을 알려준 천사들. NCT WISH를 보면 늘 힘이 나서 '아이돌은 춤과 노래로 보는 사람에게 힘을 불어넣는 존재'라는 본질을 실감한다. - 이희주

SM엔터테인먼트는 현재 장철혁과 탁영준 두 공동대표 체제로 운영되고 있다. 장철혁은 계열사 간 협력과 성장, M&A, 경영관리 등 기업 가치 향상에 집중하고, 탁영준은 소속 아티스트의 콘텐츠 제작과 매니지먼트, IP 활용 사업을 총괄한다. 두 사람은 오랜 시간 쌓아온 유산이야말로 SM의 핵심 경쟁력이자 강점이라며, 앞으로 많은 시간이 지나도 그들이 만드는 콘텐츠의 영향력에 대한 책임감은 변치 않는 가치일 것이라고 말한다. 에디터 장윤성 포토그래퍼 맹민화

ceo interview
jang cheolhyuk
tak youngjun

현재 하고 있는 업무를 중심으로 두 분 모두 간단한 본인 소개를 부탁드립니다.

장철혁(이하 장): 저는 회사 내부의 체계와 외부의 다양한 관계를 예전보다 더 효율적이고 효과적으로 연계하는 데 필요한 것이 무엇인지 많은 고민을 하고 있습니다. 경영관리를 고도화하고 모기업과의 사업 협력부터 외부 주주들에게 회사의 지향점과 성과를 설명하는 등의 활동도 하죠. 아울러 미래 성장을 위한 투자 활동과 관련해서도 다양한 검토를 하고 있습니다.

탁영준(이하 탁): 저는 캐스팅과 트레이닝을 통한 신인 개발, SM 3.0과 함께 시작한 멀티 프로덕션의 제작 총괄, 그리고 아티스트 매니지먼트 관련 사업 부문을 총괄하고 있습니다. 이 중에서도 가장 집중하는 부분은 SM엔터테인먼트의 미래라고 할 수 있는 신인 아티스트를 개발하고 론칭하는 제작 과정입니다. 아티스트와 회사의 관계가 장기적으로 이어지도록 하는 것 역시 제가 많은 시간을 쏟는 일입니다.

두 분의 업무가 철저히 분리되어 있는 것 같은데, 이런 분업의 장점은 무엇인가요? 서로의 분야에 대한 의견을 어떻게 나누는지도 궁금합니다.

장, 탁: 사내 의사 결정은 공동대표의 합의를 통해 이루어집니다. 저희는 각자의 전문 분야를 존중하는 동시에 함께 시너지를 낼 수 있는 방법을 끊임없이 고민하며 일하고 있습니다. 논의를 통해 의견 차이를 좁히고, 회사를 위해 최선의 결과를 도출하고자 노력하죠. 아무래도 한 사람보다는 두 사람의 시각이 좀 더 넓은 범위를 커버할 수 있지 않을까요? 저희 두 사람의 논의가 최선의 합의점을 이끌어내는 데 많은 도움을 준다고 생각합니다. 아티스트들이 그룹 활동을 하다 보면 멤버의 존재 자체만으로도 든든한 느낌이 든다는 이야기를 자주 하는데, 저희 둘도 마찬가지인 거죠.

두 분이 함께 SM을 이끌기 시작하면서 꼭 이루고 싶었던 목표가 무엇인지 궁금합니다. 그것을 달성했는지도 궁금하고요.

장, 탁: 30년이라는 역사를 가진 SM에는 회사를 사랑하는 마음으로 오랫동안 함께해온 아티스트와 임직원이 많습니다. 그렇기 때문에 늘 최우선으로 삼는 목표는 SM의 산증인이나 다름없는 아티스트와 팬 그리고 임직원이 우리의 역사에 대한 '자부심'을 잃지 않게 하는 것입니다. 이들이 지속적으로 팬과 소통하며 성장하도록 지원하고, 미래에 어떤 환경의 변화가 생기더라도 그간 SM이 쌓아온 유산을 바탕으로 새로운 문화를 창조하며, 트렌드를 리드하는 엔터테인먼트 기업으로서 좋은 음악과 콘텐츠를 꾸준히 만들어내는 것이 저희가 해야 할 일이죠. SM이 앞으로도 항상 발전하는 동시에 소속 아티스트와 임직원 그리고 그 밖의 모든 이해관계자에게 긍정적 비전을 제시하고, 동시대를 살아가는 많은 사람에게 즐거움과 감동을 주고 싶습니다.

SM은 그 바람을 달성해가며 여전히 성장 중인 것 같아요. 모든 기업은 성장하면서 정체기, 재도약기 등 시기에 따라 여러 단계를 거칩니다. 현재 SM은 어떤 단계에 있다고 생각하나요?

장, 탁: 2023년 1분기에 SM 3.0 전략을 발표한 이후 지금도 이 전략의 기본 방향을 유지하며 사업을 전개하고 있고, 앞으로도 몇 년간 이 기조를 이어갈 것입니다. SM 3.0 전략을 제시하고 2년 남짓한 시간이 지난 현시점에서 볼 때 아직 미완성 상태라고 생각하거든요. 특히 창립 30주년이 된 2025년에는 분명한 터닝 포인트를 맞닥뜨릴 겁니다. 지난 30년 동안 적지 않은 위기가 있었지만, 우리에겐 그 순간들을 매번 지혜롭게 극복해온 경험과 역량이 있습니다. 그런 의미에서 SM은 여전히 성장 중이라고 말할 수 있죠. 세계시장에서의 영향력 확대는 최근 SM 구성원들이 가장 집중적으로 노력하는 부분입니다. 그렇기 때문에 지금은 이 분야의 성장을 통해 재도약하는 시기라고 말씀드리고 싶습니다.

성장 단계와 상관없이 SM이 변치 않고 지켜온 가치가 있다면요? 아울러 그 가치가 앞으로도 계속 유지될 거라 생각하는지도 궁금합니다.

장, 탁: SM이 만드는 콘텐츠의 영향력에 대한 책임감이죠. 이러한 사명을 잊지 않는 것이 저희가 지난 30년간 지켜온 가치입니다. 앞으로 30년, 아니 100년이 지나도 마찬가지일 겁니다. 케이팝은 단순히 일회성 소비로 끝나는 콘텐츠가 아니라, 아티스트와 팬이 함께 문화를 만들어나가는 수단이자 문화 그 자체죠. 사람들의 일상 속에 하나의 강렬한 순간으로 기억될 SM의 콘텐츠가 지니는 의미를 생각해보면 세대와 국경을 초월하는 선한 영향력을 갖춘 보다 좋은 문화를 개발하는 것이 저희의 궁극적 목표일 겁니다. 이를 위해 가장 필요한 일은 최상의 콘텐츠 퀄리티를 유지하는 것이고요.

고집과 유연함을 겸비한 SM은 단순한 기업이 아니라, 마치 인격을 갖춘 법인처럼 느껴집니다. 그렇기에 지금의 SM이 존재하는 것일 텐데요, 현재 SM의 가장 큰 강점은 무엇이라고 보나요?

장, 탁: SM이라는 기업을 사랑하는 여러 세대에 걸친 팬과 아티스트, 콘텐츠 제작에 진심인 임직원이 오랜 시간 쌓아온 유산이 바로 저희의 핵심 경쟁력이자 강점이죠. 이는 단순히 화려하던 과거를 의미하는 것만이 아니라, 수많은 시행착오를 거치며 정착된 시스템과 SM이라는 브랜드 가치, 뚜렷한 지향점 등 SM의 아티스트와 임직원이라면 누구나 충분히 느낄 만한 자산입니다. 그렇기 때문에 모든 아티스트와 임직원이 마치 하나의 유기체처럼 명확한 방향성을 갖고 창작 활동을 펼칠 수 있는 것이죠. 나아가 이러한 자산이 그들의 마음속 깊은 곳에 자부심으로 자리 잡아 열정을 다할 수 있는 원동력이 되어줍니다. 특히 뛰어난 인력을 두껍게 보유하고 있다는 점, 그리고 이를 기반으로 회사를 전방위적으로 발전시킬 수 있다는 점은 SM이 지속적으로 성장할 거라는 전망의 가장 강력한 근거라고 생각합니다.

일반 엔터테인먼트 기업은 소속 아티스트의 역량에 집중하거나, 그 역량을 이끄는 한 명의 디렉터를 집중 조명하게 마련입니다. 하지만 SM은 이와 달리 아티스트의 활약을 여러 방면으로 지원하며 또 다른 창작 세계를 개척해나가는 멀티 프로덕션 시스템을 구축했어요. 아티스트를 포함해 SM에 소속된 모든 구성원의 시너지를 위해 어떤 기업 문화를 추구하고 있나요?

장, 탁: 저희가 SM 3.0 전략을 세우면서 의도한 여러 요소 중 하나는 특정 인물에 의존하지 않는 다양한 아이디어와 의견이 공존하는 제작 환경이었어요. 즉 슈퍼맨 한 명이 아니라 '집단 지성'을 믿고, 그것을 기반으로 수평적 의사 결정이 가능한 구조를 만들려고 했죠. 그래서 경영진은 멀티 프로덕션 체제를 도입한 후 각 프로덕션의 자율성을 존중하고, 그들 스스로 좋은 콘텐츠를 창작할 수 있는 환경을 조성하는 데 힘썼습니다. 지금은 멀티 프로덕션이 자리를 잡았고, 예전에 비해 더 다채롭고 다양한 시도를 함으로써 팬들에게도 한층 가깝게 다가가고 있다고 생각합니다.

소통의 역량을 더욱 극대화하는 것이 SM 3.0의 주안점이군요?

장, 탁: 그렇습니다. 구성원의 크리에이티브 역량은 사업 성공에 매우 중요한 요소이기 때문에 제작 과정에서 다양한 의견이 도출될 수 있도록 멀티 프로덕션뿐 아니라, 사내 모든 조직의 자유로운 소통을 강조하고 있습니다.

이러한 부분도 여느 엔터테인먼트 기업과 다른 SM만의 특징인 것 같습니다. 그 밖에 SM의 가장 큰 차별점과 경쟁력은 무엇이라고 보나요?

장, 탁: 저희는 '케이팝의 원조'라는 타이틀과 자부심을 갖고 있습니다. 조금 뻔한 이야기일 수 있지만, SM의 가장 큰 경쟁 상대는 언제나 저희 자신이었습니다. 외부 경쟁자와 비교하기보다 저희 스스로의 기준으로 전 세계 팬에게 사랑받는 아티스트를 트레이닝해 선보이고, 그들의 음악을 전파하는 데 집중해왔죠. 그렇기 때문에 타사와의 경쟁보다는 저희가 만들어내는 콘텐츠의 퀄리티에 늘 신경을 쓰는 편입니다.

케이팝에 대해서도 묻고 싶습니다. SM은 자사의 현재를 3.0으로 규정하고 있는데, 그렇다면 현재의 케이팝은 어느 위치에 있다고 진단하는지 궁금합니다. 그리고 케이팝이 장기적 경쟁력을 갖추려면 이 문화를 어떻게 바라봐야 한다고 생각하나요?

장, 탁: 케이팝 문화는 제작과 매니지먼트를 맡고 있는 SM 같은 기업이 만들어가는 부분도 있지만, 팬들의 생각과 행동 그리고 거기에서 발생하는 영향력이 더 많은 부분을 차지합니다. 저희는 팬들이 원하는 게 무엇인지 항상 고민합니다. 특히 성장기에 있는 젊은 팬들이 사회에서도 긍정적 역할을 할 수 있도록 하는 데 신경을 씁니다. 팬덤 문화 중 일부가 사회의 다른 구성원들과 충돌하는 부분이 있다면 이러한 갈등을 해소할 수 있는 장기적인 방향으로 저희의 사업을 전개해나가는 것이 케이팝 생태계에 궁극적으로 도움이 될 거라 생각하고요. 현재의 케이팝을 주식시장에 비유하면 상장을 준비하고 있는 상황이라고 볼 수 있지 않을까 싶습니다. 기반을 다지고 지분을 넓혀온 것은 사실이지만, 아직 전 세계적으로 '주류'라고 부르기엔 여전히 부족한 상황이거든요. 하지만 이를 역으로 생각하면 아직 확장 가능한 영역이 남아 있다는 뜻이기도 합니다. 오히려 기회로 볼 수 있다는 거죠. 꾸준히 퀄리티를 높여왔기 때문에 세계적으로 경쟁력을 드러낼 만큼 잠재력은 충분하다고 생각합니다. 따라서 케이팝은 전 세계 팬의 지지를 발판 삼아 앞으로 더 많은 사랑을 받는 문화로 자리 잡을 우량주이자 성장주이며 가치주라고 믿습니다.

엔터테인먼트의 여러 영역 중에서도 그 뿌리는 '음악'에 있다는 걸 SM의 최근 행보에서 느낄 수 있습니다. 그렇다면 음악 산업의 본질은 무엇이라고 생각하나요?

장, 탁: SM 3.0 전략이 내세우는 여러 메시지 중 가장 중요한 것은 저희가 음악을 SM 사업의 본질로 여기고 거기에 집중한다는 것입니다. 그 밖의 활동은 꼭 필요한 범위로 국한하거나, 음악 사업에 도움이 되는 것들만 선별해서 행하는 식입니다. 사실 음악 하나만 잘하기 위해서도 해야 할 일이 너무나 많습니다. 먼저 지금의 케이팝 팬들이 원하는 수준 높은 음악과 무대 퍼포먼스를 완성해야 합니다. SM의 아티스트들이 각종 영상 콘텐츠를 통해 세계의 더 많은 팬에게 다가가도록 해야 하고요. 그러기 위해서는 팬들이 아티스트와 직간접적으로 소통할 수 있도록 더욱 다양한 채널과 이벤트를 만드는 것도 중요합니다. 아티스트의 취향을 반영한 굿즈를 통해 팬들이 아티스트의 생각과 기호를 공유하도록 하는 것은 물론이고요. 이 모든 것이 저희가 하는 작업의 본질과 맞닿아 있다고 생각합니다. 산업적 측면에서 보면 소비되지 않는 음악은 퇴색할 수밖에 없습니다. 따라서 적어도 케이팝에서 그 본질의 시작이자 끝은 아티스트와 팬덤이라고 생각합니다.

마지막으로 두 분의 커리어를 이끄는 원동력에 대해 듣고 싶습니다.

장: SM이라는 회사에서 일하고 있다는 것이 저에게는 큰 기쁨이고, 그 자체로 훌륭한 동기부여가 되고 있어요. 회사에 소속된 아티스트와 임직원들이 한 단계 더 성장하고, 조금이라도 더 좋은 환경에서 일할 수 있도록 하는 데 필요한 것은 무엇일까 고민도 많습니다. 그리고 SM과 관계를 맺고 있는 다양한 이해관계자들이 SM을 사랑할 수밖에 없도록 만드는 것, 이 목표에 닿고자 하는 바람이 저를 이끄는 원동력이에요.

탁: 직업을 선택하는 데는 여러 판단 요소가 있겠지만, 저는 물론이고 저희 임직원과 아티스트는 모두 '지금의 이 일을 하고 싶다'는 열정을 갖고 시작했다고 할 수 있습니다. 이런 분들이 제 주변에 많고, 그 관계가 이어져 있다는 게 정말 큰 원동력이 됩니다. 경영자로서 이러한 꿈을 공유한 사람들과 함께 오랫동안 행복하게 일할 수 있는 환경을 만들어줘야 한다고 생각합니다. 저희 구성원들이 합심해서 전 세계 핑크 블러드가 더 만족하는 콘텐츠를 만들어낼 수 있다면 그보다 더 큰 보람은 없을 겁니다.

insight view:

(re)defining k-pop

대중가요에서 케이팝으로 시대의 전환을 지휘한 SM엔터테인먼트. 장르의 정립을 넘어 세계시장에서 높아진 존재감을 과시하고 있는 케이팝의 다음 단계가 궁금한 이들은 기준을 제시하고, 공식을 고안한 선구자의 행보를 주목할 수밖에 없다. 한 음악 평론가가 또 다른 30년과 새로운 비전을 꿈꾸는 SM의 미션을 제시했다.

케이팝 (재)정의하기

김영대 음악 평론가

SM엔터테인먼트가 써 내려간 케이팝 성장사

2023년 미국의 유력 음악 매거진 <롤링 스톤>이 발표한 '한국 대중음악 역사상 가장 위대한 노래 100곡(The 100 Greatest Songs in the History of Korean Pop Music)' 리스트를 보면 소녀시대의 대표곡 'Gee'가 당당히 1위에 올라 있다. 아이돌 팝만을 대상으로 한 것도 아니고, 글로벌 시장에서의 성적이나 지명도를 기준으로 한 것도 아닌데, 조용필·유재하·이문세·신중현·신해철 등 전설적 아티스트를 제치고 소녀시대의 노래가 1위로 꼽혔다는 것은 자못 의미심장하기까지 하다. 흥미로운 건 2위에 오른 곡 역시 SM 시대의 시작을 알린 노래이자 케이팝 최초의 버블검 팝*이라 할 수 있는 H.O.T.의 '캔디 Candy'다. 공개한 총 100곡 중 SM의 곡만 무려 열네 곡이 포함되었는데, 그중 일곱 곡이 20위권 안에 포진해 있다. 개별적 순위의 타당성에 대한 논의는 별개로 하더라도 <롤링 스톤>이라는 매체의 상징성과 권위를 고려했을 때 SM이 한국 대중음악에 끼친 영향력이 어떤지에 대한 실마리를 글로벌 시각으로 확실하게 포착할 수 있다. 그것은 다름 아닌 케이팝 그리고 케이팝 세대에 대한 정의였다. 소녀시대는 글로벌 음악 팬에게 과거와 구분되는 케이팝 세대의 본격적 등장을 알린 상징적 히트곡 아티스트이며, H.O.T.는 케이팝의 가장 중요한 포맷인 보이 그룹의 장르적 원형인 것이다. SM의 역사는 이렇게 개념과 개념의 재정의로 점철되어 있다.

*버블검 팝: 밝은 사운드와 경쾌한 스타일의 팝 음악 장르로, 1960년대 주로 아동과 청소년을 겨냥하며 미국에서 큰 인기를 끌었다.

SM이 지난 30년간 이룬 업적 중 가장 중요한 하나를 꼽자면, 가요 시대의 종언을 고하고 케이팝 시대로의 전환을 성공적으로 이뤄냈다는 점일 것이다. 이는 단지 용어의 교체를 의미하지 않는다. 그리고 단순히 외수 시장의 확대나 '시스템'이라는 말로 대표되는 비즈니스 체계의 변환 같은 것으로 온전히 설명되지도 않는다. SM이 가져온 음악계의 혁명은 동시대성과 보편성에 대한 새로운 이해로부터 비롯된 것이다. SM은 한국 대중음악에서 처음으로 영미권 대중음악과의 간극을 없앴다. 1990년대까지 대중음악은 '가요'와 '팝'이라는 이분법을 통해 이해되었다. 그것은 시장뿐 아니라 작법, 창법, 그리고 이미지의 차이를 의미했다. 한국인만 이해할 수 있는 시적 가사, 어쿠스틱한 통기타 선율, 트로트나 민요에서 이어지는 창법, 정형화된 콘셉트 등은 자국민의 사랑을 받기에는 부족함이 없었으나 세계적으로 공감을 얻기엔 한계가 있었다. 일부 장르의 경우 과도기를 지나며 영미권 대중음악을 카피하는 데 그친 곡이 등장한 데다가 빠르게 변하는 트렌드에서 시대적 딜레이를 모면할 수 없었다. 하지만 샤이니, f(x) 등의 그룹에 이르러 케이팝은 적어도 장르와 만듦새에서 영미 팝과의 차이를 최소화하는 방향으로 의미 있는 행보를 각인시켰다. 물론 그 차이를 완전히 동기화할 수는 없었다. SM이 북미 시장을 노크하기 시작한 2010년대 초반만 해도 케이팝은 레코드 숍에서 월드 뮤직 섹션의 끄트머리를 차지하는, 따로 구분하기 어려운 존재였다. 동시대의 컨템퍼러리 음악으로서 케이팝에 대한 인식이 희박했던 건 물론이다. 하지만 소녀시대를 시작으로 엑소를 거쳐 NCT에 이르러 케이팝은 독자적 카테고리이자 새로운 시장으로 인지되기 시작했다. SM은 영미 팝과의 차이를 줄이는 것에서 진화해 어엿한 한국발 팝 뉴웨이브의 혁명을 진두지휘하며 이를 성취했다.

한국의 대중음악은 서민의 애환을 달래주던 유행가, 서구와 일본에서 상륙해 로컬리제이션을 통해 성립된 가요 시대를 거쳐 세계라는 새로운 대중을 위해 음악을 만들기 시작한 케이팝 시대로 진화하고 변모해왔다. 그다음은 어떤 시대가 펼쳐질까? 그것은 30년 전 창립자 이수만의 비전과 함께 시작했듯이 SM이 케이팝이라는 세계를 어떻게 새롭게 정의하느냐에 달려 있다고 해도 과언은 아닐 것이다. 시스템·플랫폼·AI 등 많은 키워드가 스쳐 지나가지만, 그것은 어쩌면 하나의 세부적 전술일 뿐 큰 틀에서의 비전과 전략은 아닐 것이다. SM이 추구해야 하는 장기적이면서도 궁극적인 이상은 한국이 기준이 되는 새로운 대중음악 문화의 성립과 그 시대를 준비하는 비전이 될 것이라고 확신한다. 지난 30여 년간 케이팝은 SM을 비롯한 레이블들의 실험적 행보를 통해 세계 음악 시장의 중심부에까지 이르렀다. 빌보드 차트에 진입하고, 유력 시상식에서 수상하는 것을 혹자는 "주류 시장 정복"이라고도 표현한다. 하지만 케이팝의 궁극적 목적이 단지 영미권 시장을 정복하는 것일까? 거시적 관점에서 북미나 유럽도 케이팝 입장에서는 하나의 큰 시장에 불과하다. SM의 미래는 주류 시장에 편입하는 것이 아니라, 글로벌 대중에게 케이팝이라는 하나의 명확한 기준에 대한 실체를 보여주는 것에 있다고 본다.

그들이 뛰어넘을 또 하나의 경계

SM의 비전은 여전히 동시대성과 보편주의에 대한 새로운 규정에서 출발해야만 한다. 이제 케이팝의 동시대성은 서구 음악과의 '시차'를 좁히는 것이 아니라, 그 국면을 리드하고 선제적으로 트렌드를 제시하는 방향으로 의미가 바뀌고 있다. 케이팝이 자랑하는 '기술'과 '시스템'이 언제든 모방 가능해진 시점에서 SM에도 그들이 만든 공식을 새롭게 업데이트해야 할 순간이 왔다. 쉽지는 않겠지만, 그간 SM이 걸어온 길을 봤을 때 충분히 가능한 일이다. SM은 지난 30년간의 노력을 통해 콘텐츠와 플랫폼을 가지고 있을 뿐 아니라, 가장 소중한 자산인 대중을 확보하는 데 성공했다. 하지만 음악과 퍼포먼스의 새로운 표준을 제시하고 확립하는 일에서는 다소 소극적이었다. 이것이 비단 SM만의 한계는 아닐지라도 그 목표가 일차적으로 일본을 비롯한 아시아 및 북미 시장에 진출하는 것, 그리고 서구 팝과의 격차를 좁히는 것에 있었기 때문에 벌어진 일이다. 지난 세월 세계시장을 목표로 SM이 끊임없이 고안해낸 케이팝의 차별성이라는 것도 현실

적으로 여전히 서구권 대중음악의 하위 장르로서의 2등 전략 혹은 틈새시장 전략을 고수하기 때문에 생기는 것인지도 모른다. 하지만 이제 그 목표는 수정될 것이고, 그 선두에 SM이 서야 한다. 이미 팝 시장의 질서는 급격히 변하고 있다. 북미 팝에서는 SM이 십수 년 전에 유행시킨 신스 팝 및 하우스 음악의 붐이 다시 돌아오는가 하면, 라틴아메리카를 넘어 아프리카와 제삼세계의 음악이 잇따라 부상하고, 뉴미디어의 혁명을 타고 비영어권 음악이 큰 존재감을 과시하기 시작했다. 서구 시장의 권위와 전통적 유통 시스템에 의존하지 않고도 지배력을 가질 수 있는 기회가 조금씩 포착되고 있다. 음악적 면도 마찬가지다. SM의 송캠프에 참여해온 수많은 외국 작가가 공통으로 지적하듯, 틀에 박히지 않은 SM의 음악 만들기에 대한 진보성은 종종 서구 팝 음악의 그것을 능가하는 수준에 이르고 있다. 인종과 지역을 근거로 성립된 서구 음악의 장르주의로부터 자유로운 케이팝은 오히려 향후 더 많은 가능성을 품고 있는 음악이기도 하다. 20세기를 지배해온 미국 음악 토크쇼 'Top 40'나 '빌보드 차트'도 결국 로컬 시장의 취향을 반영한 결과라는 것을 생각해본다면, SM의 미래는 SM이 제시하고 선언하는 대중음악의 새로운 트렌드가 가능할지 그리고 그 영향력이 얼마나 클지에 달려 있다고 해도 무리가 없을 것이다.

우리가 '아이돌 팝'이라 부르는 틴 팝 혹은 영 어덜트를 대상으로 한 대중음악에서 SM이 시작한 케이팝 아이돌 음악은 음악과 퍼포먼스 수준에서 동시대 다른 시장들에 비해 상당한 비교 우위를 점하고 있다. 심지어 팝 음악의 본고장 미국에서는 케이팝을 단순한 음악 장르가 아닌 새로운 퍼포먼스 예술로 분석하기도 한다. 일찌감치 이수만 전 총괄 프로듀서가 포스트-MTV 혹은 포스트-마이클 잭슨 시대의 한국 대중음악을 준비하면서 구상한 비전이 일차적 완성형으로 구현되었다고 말해도 과언이 아니다. 다만 이제는 그 대상이 케이팝 문법에 익숙한 타깃 오디언스의 틀에서 벗어나야 할 때다. 틈새시장이 아닌 주류 시장으로의 시선 전환, 혹은 주류 시장에 대한 재정의가 필요해진 시점이기도 하다. 다행히 최근 NCT나 에스파의 음악들은 이 점에서 나름의 성취를 보여주고 있다. SM이 케이팝에 보편화시킨 특유의 하이브리드적 접근법과 아방가르드적 면모에 최고 수준에 다다른 퍼포먼스와 비주얼 테크놀로지가 더해지고, 여기에 케이팝 바깥의 대중을 새롭게 끌어들일 수 있는 보편성이 엿보이고 있다. 하지만 이것만으로는 아직 부족하다. 국경이나 언어뿐 아니라 시대를 초월하고 세대를 아우를 수 있는 세련되지만 보편적인, 그야말로 단어 그대로의 '팝' 음악으로서 숙제는 아직 남아 있다. 동시대적이며, 보편적이고, 초월적인 대중음악의 새로운 국면. 하지만 지난 수십 년간 열악한 조건과 비관적 전망 속에서도 모험과 혁신을 반복해 케이팝의 전성기를 이끌어온 SM이라면 응당 품어야 할, 충분히 그럴 만한 가치가 있는 비전이기도 하다.

SM Entertainment
smentertainment.com

B Media Company
magazine-b.com / info@magazine-b.com

Publisher & CEO
장철혁 Cheolhyuk Jang
탁영준 Youngjun Tak

Director & CRO
김지원 Jiwon Kim

IP PR Center
정상희 Sanghee Jung
권정화 Jeonghwa Kwon
김문선 Moonsun Kim

Advice
차우진 Woojin Cha

Publisher
조수용 Suyong Joh

Executive Director
김명수 Myungsoo Kim

Editor-in-Chief
박은성 Eunsung Park

Branded Contents Manager
김진형 Jinhyung Kim

Lead Editor
한동은 Dongeun Han

Project Editors
장윤성 Yunseong Jang
서재우 Jaewoo Seo
이은경 Eunkyung Lee

Digital Editors
김재영 Jaeyoung Kim
김한슬 Hanseul Kim

Art Direction & Design
최유원 Yuwon Choi

Designer
박세연 Seiyeon Park

Sales & Distribution
김수연 Suyeon Kim
송수진 Soojin Song
김채린 Chaerin Kim

Finance
홍효선 Hyosun Hong

SM
ENTERTAINMENT
GROUP